KB090270

돈 되는 기획

돈 되는 기획

초판 1쇄 발행 2021년 11월 26일

지은이 김도균

펴낸이 조기흠

기획이사 이홍 / **책임편집** 박단비 / **기획편집** 유소영, 정선영, 임지선, 전세정

마케팅 정재훈, 박태규, 김선영, 홍태형, 배태욱 / **제작** 박성우, 김정우

교정교열 조민영 / **디자인** studio 213ho

펴낸곳 한빛비즈(주) / **주소** 서울시 서대문구 연희로2길 62 4층

전화 02-325-5506 / **팩스** 02-326-1566

등록 2008년 1월 14일 제 25100-2017-000062호

ISBN 979-11-5784-555-2 13190

이 책에 대한 의견이나 오탈자 및 잘못된 내용에 대한 수정 정보는 한빛비즈의 홈페이지나
이메일(hanbitbiz@hanbit.co.kr)로 알려주십시오. 잘못된 책은 구입하신 서점에서 교환해드립니다.
책값은 뒤표지에 표시되어 있습니다.

⌂ hanbitbiz.com ⓕ facebook.com/hanbitbiz Ⓝ post.naver.com/hanbit_biz
▶ youtube.com/한빛비즈 ⓘ instagram.com/hanbitbiz

지금 하지 않으면 할 수 없는 일이 있습니다.
책으로 펴내고 싶은 아이디어나 원고를 메일(hanbitbiz@hanbit.co.kr)로 보내주세요.
한빛비즈는 여러분의 소중한 경험과 지식을 기다리고 있습니다.

—— 회사 안팎으로 살아남는 기획자가 되는 법 ——

돈 되는 기획

김도균 지음

HB 한빛비즈
Hanbit Biz, Inc.

목차

제3강 · 무조건 먹히는 기획서의 '구조'

제4강 · 실무에서 쓰는 진짜 PPT 디자인

살아남는 기획자가 일하는 방식

이 책의 첫 페이지를 열어준 당신에게 진심으로 감사합니다. 저는 당신이 왜 이 책을 선택했는지 정확히 알고 있습니다.

당신은 머릿속에 이미 훌륭한 기획들을 많이 가지고 있습니다. 다만 이것을 어떻게 매만져야 할지, 어떤 식으로 소개해야 할지, 어떻게 형체화할지 아직 모를 뿐입니다. 당신 머릿속에 있는 훌륭한 기획들을 실현시키기 위해서는 '기획서 작성 능력', '커뮤니케이션 실력', 발표 능력' 같은 것들이 꼭 필요합니다. 머릿속에만 있던 멋진 기획을 제대로 실현만 시킬 수 있다면, 분명 당신의 '명예'와 '자산'을 늘릴 좋은 기회가 되겠죠. 바로 당신은 이 방법이 궁금할 겁니다.

누구나 10년 이상 집중해서 실력을 갈고닦으면, 이런 방법을 자연스레 깨치고 좋은 기획자가 될 수 있습니다. 하지만 이 책은 당신의 시간을 단축하기 위해 탄생했습니다. 잘 오셨습니다. 당신은 이 책을 통해 부와 명예를 쌓기 위한 시행착오를 최대한 줄이고, 최단 시간 안에 당신의 경쟁자보다 월등한 실력을 얻을 수 있습니다.

앞서 말한 것들을 이루기 위해서는 먼저 '기획'이 무엇인지 제대로 알아야 합니다. '기획'이란 무엇일까요?

'기획'의 또 다른 말은 '생각'입니다. 기획이 어떻게 생각이냐 할 수도 있겠지만, 매일, 매시간 머릿속에서 하고 있는 모든 생각은 넓은 의미에서 기획이 맞습니다. 친구의 생일선물을 고민하는 것도 기획이고, 저녁에는 무얼 먹을지 메뉴를 고민하는 것도 일종의 기획입니다.

하지만 비즈니스에서 말하는 기획은 조금 다릅니다. 비즈니스에서의 기획은 반드시 '문서'라는 형태를 거쳐야 하고, '실체가 구현'되어야 하며, 그것이 '매출'로 연결되어야 합니다. 그렇기에 기획의 첫 단추는 바로 문서작성입니다. 아무리 좋은 기획이라도 그걸 머릿속에만 가지고 있으면 아무도 알아주지 않습니다. '문서'로 표현해야 합니다.

머릿속에 있는 기획을 문서로 표현하고, 매출을 일으키는 일은 절대 쉽지 않습니다. 매출은커녕 문서로 표현하는 것부터도 굉장히 어렵죠. 단지 머릿속에 있는 생각을 정리하는 것뿐인데 왜 이렇게 어려운 것일까요?

첫째, 내 생각을 다음 단계로 풀어나가는 훈련이 부족하기 때문입니다. 둘째, 생각을 비즈니스로 연결시키는 경험 역시 부족하기 때문입니다. 셋째, 기획의 각 단계에서 필요한 '도구'를 가지고 있지 않기 때문입니다.

이 3가지 이유 때문에 사람들은 생각을 문서나 사업으로 전환하는 본격적인 단계로 진입하지 못합니다. 하지만 이 책을 읽는 당신은 이제 아무 걱정할 필요 없습니다. 이 책은 생각을 기획서로, 기획서를 사업으로 전환하는 데 필요한 모든 훈련 방법과 도구를 제공할 것입니다. '태도', '발상법', '습관', '효율', '글쓰기', '말하기', 'PT', '부업', '창업', '매출'까지. 당신의 기획이 현실이 되어 많은 돈을 벌고, 당신이 사회적 명성을 쌓을 수 있도록 꼭 필요한 방법과 도구만을 제공할 것입니다.

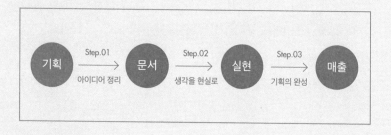

여러분이 엔지니어든, 광고인이든, 사업가든 아니면 학생이든 간에 앞으로는 생각을 표현하는 능력, 즉 '기획력'이 없으면 그 사람의 가치는 점차 떨어질 수밖에 없습니다. 기획력은 곧 생존 능력입니다. 저는 이 책을 통해 여러분을 기획하는 인간인 '플래닝 사피엔스'로 만들어드릴 것입니다. 회사원이라면 당장 내일부터 업무의 자신감을 가질 수 있게 도울 것이고, 아니면 회사를 그만두더라도 나의 기획력으로 어떤 일이든 해낼 수 있는 사업가가 될 수 있도록 도울 것입니다.

알고 보면 더 좋을 독서 포인트

'1부 회사 안 기획자'에서는 아이디어를 기획서로 만드는 방법
에 대해 설명합니다. 회사를 다니면서 기획서를 작성하고, 발표를
통해 성과를 얻는 방법에 대해 알고 싶은 '사내 기획자'를 위한 내
용이죠.

'2부 회사 밖 기획자'는 내 기획을 잘 다듬어 창업하는 방법에
대해 설명합니다. 회사 밖에서 성공하는 기획자로 살아가는 방법
에 대해 알고 싶은 '탈회사 기획자'를 위한 이야기가 담겨 있죠.

당신은 회사 안에서 기획으로 승진해야 하는 기획자일 수도
있고, 회사 밖에서 성공하길 바라는 기획자일 수도 있습니다. 그리
고 언제든 이 둘을 넘나들 수도 있죠. 어디에 있든 '기획'은 당신을
발전시키고, 성공시킬 중요한 열쇠가 될 것입니다. 이 책을 읽고
회사 안에서는 기획서로 승진하고 성과를 얻는 기쁨을 맛보는 기
획자가, 회사 밖에서는 기획으로 창업해 성공적으로 수익을 내는
기획자가 되시길 바랍니다.

1부

회사 안 기획자

제1강

•

기획서에 대한 '두려움'을
'자신감'으로 바꾸는 기술

당신은 '기획서'에서 가장 중요한 게 뭐라고 생각하나요? 매번 반짝이는 아이디어를 내는 것? 시키지 않은 부분까지 알아서 조사하는 것? 아니면 PPT를 예쁘게 꾸며서 보는 사람을 현혹시키는 것? 모두 아닙니다. 기획서에서 가장 중요한 것은 크게 3가지로 정리할 수 있습니다.

첫 번째는 '좋은 평가'입니다. 며칠 밤을 새우며 기껏 기획서를 완성했는데 결과적으로 좋은 평가를 받지 못한다면 어떨까요? 그것은 기획서를 쓰는 당신은 물론, 당신이 속한 회사와 팀 그리고 기획서를 보는 사람까지 모두의 시간과 에너지를 낭비하는 일이 됩니다. 당신이 작성한 기획서는 무조건 좋은 평가를 받아야 합니다.

두 번째는 '기대치 관리'입니다. 이에 대해서는 곧 자세히 설명하겠지만, 당신은 상대방의 기대치보다 딱 10%만 잘해야 합니다.

세 번째는 '지속력'입니다. 여기서 말하는 지속력은 어떤 기획서든 꾸준히 써낼 수 있는 능력을 말합니다. 기획서의 주제가 화장품이든 자동차든 기복이 있으면 안 됩니다. 주제에 따라 실력

기획서에서 가장 **중요**한 것

좋은 평가 | 기대치 관리 | 지속력

차이가 너무 많이 나면 안 된다는 말입니다.

'좋은 평가', '기대치 관리', '지속력' 이 3가지에 충실한 기획서를 작성할 줄 안다면 당신에 대한 평가는 눈에 띄게 달라질 것입니다.

1. 딱 10%만 잘하라

광고대행사 신입사원이었을 때 선배한테 가장 많이 들은 말이 있습니다.

"이걸 왜 그렇게까지 하는데? 자꾸 그렇게 오버하면 안 돼."

당시 저는 클라이언트로부터 '경쟁사들이 현재 진행하고 있는 온라인 프로모션'을 정리해 달라는 요청을 받았습니다. 저는 일단 '경쟁사의 온라인 프로모션'을 빠르게 정리하고 추가로 오프라인 프로모션 자료를 취합한 다음, 우리 산업 이외 다른 분야의 온라인 프로모션까지 체크했습니다. 최대한 다양하게 정리하려고 안간힘을 쓴 거죠. 그러다 선배한테 저런 소리를 들은 겁니다. 그때는 제가 왜 이런 일로 혼이 나야 하는지 도통 이해가 가지 않았어요. '열심히 일했으니 연봉을 올려 달라고 한 것도 아니고, 자처해서 야근도 하고 밥 먹을 시간도 아껴가며 최선을 다했는데…. 도대체 왜 그러지?' 저는 도무지 영문을 알 수가 없었습니다.

사실 제가 이런 식으로 일을 한 이유는 인정받고 싶었기 때문이에요. 상사와 회사로부터 인정받고 싶었고, 클라이언트에게도 인정받고 싶었습니다. 요청받은 것 외의 일은 물론 시키지 않은 일까지 알아서 찾아 하는 것이 인정받을 수 있는 지름길이라고 생각했거든요. 그런데 그 후로 십수 년이라는 시간이 지나고 나니, 그때 선배가 했던 말들이 완전히 이해가 가기 시작했습니다. 시키지도 않은 일을 하는 것이 왜 혼날 일이었는지, 선배가 했던 말이 과연 무슨 뜻이었는지 정확히 알겠더라고요. "쟤는 하나를 말하면 열을 할 줄 알아"라는 말은 더 이상 업무의 미덕이라고 볼 수 없습니다.

쉬운 예를 들어볼게요. 당신의 클라이언트가 '핸드크림 TOP 10의 시장 점유율'을 알고 싶어 합니다. 이때 여러분이 할 일은 첫째 '현재 핸드크림 TOP 10의 점유율을 정확하게 파악한다'입니다. 저도 여기까지는 잘했죠. 이제 두 번째 할 일은 '현재 핸드크림 브랜드가 이런 점유율을 가지게 된 이유', 그리고 필요에 따라 '과거 2~3년간 점유율 변화와 그 이유' 정도를 추가하는 것입니다. 더 이상 할 일은 없습니다. 즉 기본 요청사항인 핸드크림 점유율에 대해 정확하게 데이터를 산출한 뒤 거기에서 유의미한 '시사점'을 도출하는 게 진짜 할 일인 거죠. 이것이 업무의 본질입니다. 그런데 과거의 저는 핸드크림 브랜드를 넘어 '샴푸 브랜드 점유율 순위'나 '색조화장품 점유율 순위'까지 알아보는 일을 한 것입니다. 때에 따라 이런 자료가 도움이 될 수는 있겠죠. 하지만 본질에서 벗어났다는 사실은 분명합니다.

기획서뿐 아니라 어떤 일이든 본질을 벗어나면 부정적인 결과를 낳게 됩니다. 자료를 만드는 사람과 보는 사람 모두가 시간과 에너지를 낭비하게 되기도 하고요. 비즈니스는 시간이 생명입니다. 그런데 자꾸 자신이 속한 조직과 클라이언트의 시간과 에너지를 낭비하면 어떨까요? 상대방이 당신의 열의에 호감을 갖고 연민을 느낄 수는 있겠지만, 일이 지속되기는 매우 힘들 겁니다. 회사나 클라이언트는 결국 당신 대신 더 영민하고, 더 빠르고 본질을 잘 꿰뚫어 보는 사람에게 일을 맡길 거예요.

회사나 클라이언트는 그들이 원하지도 않는 것에 당신이 시간을 투자해 에너지를 쏟는 것을 절대 좋게 평가해주지 않습니다. 인정받고 싶다면 본질을 잘 꿰뚫어 봐야 하고, 그렇게 생긴 통찰력^{Insight}을 활용해 방향을 제시해야 합니다. 이건 마치 내가 사귀고 싶다고 해서 나를 좋아하지도 않는 사람에게 꿋꿋이 종이학 천 마리를 접어주는 것과 같아요. 단지 종이학 천 마리를 접어줬다고 해서 나를 좋아하지 않던 사람이 감동받아 나랑 사귀게 될까요? 아마 그런 일은 거의 일어나지 않을 겁니다.

기본 요청사항인 핸드크림 브랜드 점유율의 정확한 수치를 산출한 뒤, 거기에서 유의미한 '시사점'을 도출하는 게 우리가 할 일이라고 앞서 말했습니다. 여기서 '유의미한 시사점을 도출'하는 부분이 바로 제가 강조하고 싶은 '10%'에 해당합니다. 상대방이 당신에게 갖는 기대치보다 이 10%만큼만 더 잘하면 됩니다. "기대치보다 50%를 잘하면 더 좋은 거 아닌가요?"라고 반문하는 분들도 있을 겁니다. 물론 기대치보다 50%를 잘하면 좋죠. 훌륭한 일입니다. 그런데 분명히 밝혀두지만, 그 정도 퀄리티로 계속 일할 수 있는 사람은 이 세상에 없습니다. 기대치의 150%를 충족시키기 위해 시간과 에너지를 쏟아붓다 보면 자연스럽게 결과물의 퀄리티와 체력이 떨어져 매너리즘에 빠지고, 주변을 살필 시간이 부족해 결국 트렌드에 뒤떨어지게 됩니다. 무엇보다 비즈니스 세계에서 당신의 파트너는 예측 불가한 반짝 스타보다는 꾸준히 성적을 내는 사람을 선호합니다. 그래서 기대치 110%의 성적을 반복하는 '지속력'을 갖는 것이 굉장히 중요합니다.

만약 당신이 선배의 위치에 있다면 폭주하는 후배를 반드시 말려주십시오. "이건 너무 잘했다. 수고했다. 그런데 다음부터는 기대치보다 10%만 더 잘하자" 이렇게요.

반복해서 강조하겠습니다. 기대치의 110%를 충족시키면서 지속력 있는 실력을 갖추는 것. 이것은 기획자의 기본 태도이자 비즈니스의 원칙입니다. 이렇게 해야만 여러분은 좋은 평가를 받을 수 있습니다. 본질을 벗어나는 일을 해서 시간과 에너지를 과도하게 낭비하지 말기를 당부합니다.

2. '정보 전달'보다 '의견'을 제시하라

아직도 '정보'를 많이 알고, 그 정보를 잘 '정리'하는 것이 대단한 능력인 양 의기양양해 하는 사람이 많습니다. 하지만 단순한 정보 접근력은 이제 더 이상 특출한 능력이라고 볼 수 없습니다. 그 능력은 이미 구글로 대체된 지 오래죠. 실제로 한때는 자료를 잘 조사하고 정리하는 사람이 인정받았지만 지금은 그런 경우가 점점 사라지고 있어요. 지금은 인터넷 검색에 시간을 투자하면 누구나 양질의 정보를 얻을 수 있는 세상이고, 정보를 정리만 하는 건 중학생만 돼도 누구나 잘할 수 있는 일이 되었습니다. 우리는 이 사실을 꼭 알고 있어야 합니다. 당신에게 특정한 일을 요청하는 클라이언트는 보통 인터넷에 떠도는 정보를 넘어, 외부에 노출되지 않은 사내 고급 정보까지 알고 있을 가능성이 큽니다. 우리가 이런 파트너 기업이 쥐고 있는 정보력을 뛰어넘을 확률은 적어요. 즉 상대가 원하는 건 단순한 정보가 아니라는 것이죠.

그렇다면 '좋은 기획서'에는 정보 이외에 어떤 것이 들어가야 할까요? 바로 '의견'입니다. '결론', '시사점', '문제해결 방법' 같은 당신만의 주관적 견해 말이죠. 믿기지 않겠지만 생각보다 실제 대부분의 제안서에는 의견이 하나도 들어 있지 않거나, 있다 해도 사실을 나열한 것에 불과한, 겉모습만 의견으로 가장한 내용이 많습니다.

생각해보세요. 정보열람 환경은 누구에게나 공평하게 열려 있습니다. 요즘은 초등학생들도 구글에 접근할 수 있으니까요. 그렇기 때문에 기획서의 승부처는 정보가 아니라 '의견'을 제시하는 부분입니다. 예를 들어 당신의 클라이언트는 미국에서 선풍적인 인기를 끌고 있는 멕시코 음식점 '치폴레'의 프랜차이즈 사업을 한국에 론칭하려고 합니다. 클라이언트는 당신에게 조사를 의뢰했고, 당신은 장표에 이런 내용들을 담습니다. 현재 치폴레 프랜차이즈의 전반적인 상황, 미국에서의 성공 비결, 재무상황, 수익성, 다른 나라의 진출 사례, IT시스템 및 기업문화, 한국인들의 멕시코 음식 선호도. 이 정보들을 잘 정리해서 제시하면 과연 클라이언트가 좋아할까요? 아마 아닐 겁니다. 왜냐고요? '의견'이 빠졌기 때문입니다. 앞에 나열한 정보들은 기본적으로 준비해야 할 사항입니다. 기획서의 흐름으로 봤을 때 기승전결의 '기'에 해당할 뿐이죠. 좋은 기획서는 정보를 넘어 당신만의 '의견'을 제시할 때 비로소 완성됩니다.

상황에 따라 다르겠지만, 이 경우에는 다음의 3가지 의견을 제시해야 합니다. 첫째, 미국에서의 성공 비결이 한국 시장에도 적용 가능한가. 둘째, 이 프랜차이즈를 들여오려면 본사에 어느 정도의 로열티를 제시하는 것이 적당한가. 셋째, 프랜차이즈를 론칭한 뒤 얼마 만에 흑자로 전환할 수 있는가. 이 3가지가 클라이언트가 궁금해하는 본질이고, 당신에게 일을 맡긴 이유입니다.

많은 기획서들이 정보 나열에 그치고 마는 것은 우리가 평소에 의견을 제시하고 토론하는 문화에 익숙하지 않거나 정보를 모으는 수준에서 끝내고 만족해 버리는 경향이 있기 때문입니다. 많은 사람들이 '정보를 모았으니 정답을 찾았다'고 생각합니다. 물론 정보 안에 정답이 있긴 하지만, 그 정답을 찾아내는 것이 바로 당신이 할 일입니다. 정보Information를 전달하는 것에 그치지 말고, 당신의 의견으로 어떤 인상Impression을 줄 수 있도록 노력하십시오. 기획서에 이러한 노력을 잘 담기만 해도, 당신은 당장 내일부터 동료보다 훨씬 더 높은 위치에 오를 수 있을 것입니다.

물론 의견을 내는 것은 결코 쉬운 일이 아닙니다. 그러나 의견을 내는 훈련을 꾸준히 한다면 당신도 할 수 있습니다. 제가 했던 간단한 훈련법이 있습니다. 바로 마음속에 늘 '그래서 어쩌라고So What?'라는 질문을 품고 살아가는 것입니다. 이 질문은 클라이언트에게 제시할 당신만의 의견을 고민하게 만듭니다. 예를 들어 '모니터를 자주 보는 것은 눈 건강에 해롭다'라는 사실이 있습니다. 이것만으로는 그저 정보 전달에 불과하죠. 여기에 '그래서 어쩌라고?'를 덧붙이면 비로소 당신만의 의견을 도출할 수 있습니다. '모니터 밝기를 줄여야 한다'거나 '블루라이트 차단 필터가 있는 안경을 써야 한다'는 식으로요. 이렇게 되면 단순 정보에 불과했던 문장이 '문제를 발견하고 문제를 해결한다'라는 기획서의 기본 구조로 바로 바뀌게 됩니다. 정말 쉽죠?

이제부터는 정보를 수집하고 나서 '그래서 어쩌라고?'를 떠올리세요. 이 작은 습관이 당신의 기획서를 한층 더 가치 있게 만들어줄 것입니다.

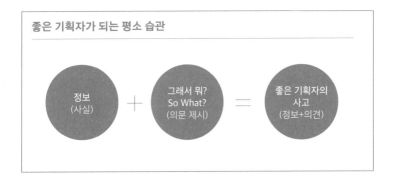

좋은 기획자가 되는 평소 습관

정보
(사실)

+

그래서 뭐?
So What?
(의문 제시)

=

좋은 기획자의
사고
(정보+의견)

3. 기획서는 '속도전'이다

'속도'는 기획서 작성에서 당신을 차별화시켜줄 정말 중요한 요소입니다. 시간만 충분하면 질 좋은 기획서는 누구나 쓸 수 있죠. 하지만 우리는 속도를 높여서 남들보다 많은 기획서를 쓸 수 있는 능력을 갖춰야 합니다. 가장 이상적인 속도는 사전 조사와 정보 수집에 4일을 할애하는 것입니다. 물론 사전 조사와 정보 수집, 그러니까 공부에 시간을 많이 쏟으면 쏟을수록 좋긴 합니다. 하지만 현실에서는 아무도 당신에게 몇 주, 몇 달씩이나 공부할 시간을 주지 않습니다. 4일 안에 끝내야 합니다.

4일간 사전 조사와 정보 수집을 마쳤다면, 이제 글쓰기부터 PPT(기획서) 디자인까지는 하루를 넘기지 않아야 합니다. 분량은 특수한 경우를 제외하고는 PPT 30장 이내로 만드는 게 좋습니다. 단순히 속도만 높이라는 말은 당연히 아닙니다. 하루 만에 만든 PPT 30장으로 '상대방을 만족시키는 것'까지가 목표입니다.

어떻게 이런 속도가 가능하냐고요? 첫 번째, '평소의 시간'을 잘 사용하는 겁니다. 당신이 생소한 분야의 미션을 맡았다면, 단 5일 만에 설득력 있는 기획서를 완성하기란 솔직히 불가능한 일입니다. 따라서 평소 최대한 생소한 분야를 줄여놓는 것이 기획자에게는 굉장히 중요합니다. 생소한 분야일수록 본질을 파악하는 데만 며칠, 몇 주 혹은 몇 달이 걸릴 수 있거든요. 본질을 파악했다 해도, 거기에 나만의 통찰력을 더하려면 시간이 더 필요합니다. 따라서 속도에서 경쟁력을 얻으려면 최대한 많은 '평소의 시간'을 확보해야 합니다. 내가 모르고 관심 없는 분야라도 최대한 많은 분야를 미리 파악하는 거죠. 실제로 훌륭한 기획자들은 많은 분야에 대해 깊게는 아니더라도 기본 흐름은 파악하고 있습니다. 미리 관심을 가지는 거죠.

내가 언제, 어떤 프로젝트를 담당하게 될지는 절대로 알 수 없습니다. 당신이 어떤 프로젝트를 전혀 무지한 상태에서 돌입하면, 그 분야를 어렴풋이나마 알고 있는 경쟁자와 비교했을 때 몹시 불리한 출발선에서 시작할 수밖에 없습니다. 자동차, 화학, 화장품, 전자기기, 식음료, 외식업, 바이오, 건설 등 수많은 분야 중에서 최소한 관심이 있는 것만이라도 항상 예의 주시하세요. 뉴스를 챙겨 보고 브랜드를 알아보고 시장점유율과 커뮤니케이션 메시지를 파악하는 등 늘 공부를 게을리하지 않아야 합니다. '내가 설마 화장품 관련 일을 하겠어?'라는 생각은 금물입니다. 그 '설마'는 언제나 갑작스럽게 당신을 찾아오니까요. 설마의 상황을 잘 대비한 사람의 기획서는 살아남을 확률이 매우 높습니다.

그렇다고 꼭 책이나 뉴스 기사를 보면서 재미없게 공부할 필요는 없습니다. 제 경우에는 집에 가는 길에 눈에 띄거나 호기심이 생기는 가게가 보이면, 그곳이 자동차 매장이건 화장품 매장이건 모델하우스건, 서점이건 안경점이건 그냥 구경하러 들어갑니다. 이것저것 가격을 살펴보고, 신상품이 뭐가 나왔는지 관찰하고, 궁금한 게 있으면 점원에게 물어보면서 시간을 보내죠. 특히 여러 브랜드가 입점한 백화점은 매 주말마다 가는데, 조금만 신경써서 관찰하면 산업별 고객의 니즈까지 파악할 수 있습니다. 일반인들은 매장의 상품이 아무렇게나 진열돼 있다고 생각할 수 있지만, 절대 그렇지 않습니다. MD들은 안 팔리는 상품은 바로 빼버립니다. 매대는 한정돼 있기 때문에 안 팔리는 제품까지 굳이 잘보이는 곳에 내놓지 않아요. 또 산업의 흐름을 간단하고 편하게 파악할 수 있는 곳은 의외로 서점입니다. 저는 서점에 시간 나는 대로 들러서, 특히 평대를 유심히 봅니다. 서점 MD들 역시 어떤 책이 딱 일주일만 안 팔려도 평대에서 빼버립니다. 즉 현재 평대에 올라와 있는 책들의 제목이 최근 사람들이 관심 있어 하는 키워드라 해도 과언이 아니죠.

베스트셀링 창작물은 내 취향이 아니더라도 반드시 경험할 것을 권합니다. 베스트셀링 창작물이란 주로 영화, 책, 음악이죠. 우리는 그 누구도 대중의 의견을 대변할 수 없습니다. 사람은 무조건 한쪽으로 치우치게 되어 있습니다. 그래서 자기 취향에 매몰돼 대중의 시선을 잘 파악하지 못하는 기획자는 매니악Maniac하다는 평가를 듣기도 합니다. 자신만의 색을 가지고 있는 것도 좋지만, 대중도 이해하는 기획자가 클라이언트에게 더 좋은 평가를 받을 수 있습니다. 그러니 베스트셀링 창작물을 경험하는 것은 자신과 대중 사이의 눈높이를 조정해주는 과정이라고 보면 됩니다. 자신의 취향과는 다르더라도 반드시 시간을 내어 경험하는 기회를 가지는 것이 좋죠.

당신이 '평소의 시간'에 반드시 길러야 할 또 하나의 습관은 '메모'입니다. 좋은 경험에서 그치지 않고 그 경험을 기획서에 바로 연결하려면, 반드시 '그 순간 느끼는 감정', '발견한 사실', '좋은 문구'를 어디에든 메모해야 합니다. 장담하건대 그 메모들이 차곡차곡 쌓이면 결국 당신의 기획서는 그 무엇과도 비교할 수 없을 만큼 높은 품격을 지니게 될 것입니다. 작성 시간도 대폭 줄어들 거고요.

기획서 작성의 속도를 높이기 위한 두 번째 기술은 '10개 중 8개 버리기'입니다. 예를 들어 기획서에 넣고 싶은 핵심적인 이야기 10개가 떠올랐다고 합시다. 이때 이 10개를 다 보여주는 것은 정말 바보 같은 짓입니다. 그렇게 많은 것을 이야기하다 보면 본질에서 벗어나기도 쉽고, 듣는 사람도 이 10개를 다 받아들일 수는 없습니다. 그러므로 재빨리 20%를 선별해서 나머지 80%를 과감하게 버리는 작업을 해야 합니다. 대신 선별된 20%에 온 힘을 쏟아붓는 거죠.

만약 당신이 '△△ 향수 브랜드의 문화 마케팅 아이디어'에 대한 기획서를 써야 한다고 가정해봅시다. 당장 당신이 하고 싶은 문화 마케팅 전략이 아래처럼 10개 정도 떠올랐습니다.

- 향수 제조 과정을 담은 퍼퓸멘터리^{Perfummentary}를 만든다
- 유명 소설가나 시인들 고유의 향수를 개발하여 콜라보 제품을 론칭한다
- 향수 시향 스틱에 키카피^{Key copy}를 적어 잡지에 향과 함께 게재한다
- 고객이 자신의 이름을 딴 맞춤 향수를 만들 수 있게 한다
- △△ 향수를 주제로 한 쇼트무비를 제작해 유튜브에 론칭한다
- 향에 대한 에세이를 독립적으로 출간하고, 이 책에 △△ 향을 입힌다

- 고객이 직접 향수를 만들어볼 수 있는 체험 플래그십 스토어를 연다
- 향수 패키지를 변경한다
- △△ 향으로 가득 차 있는 카페를 론칭한다
- 교보문고와의 콜라보를 통해 교보문고의 향기를 일정 기간 △△ 향으로 대체한다

이 중에서 현실성, 예산, 현재 상황을 고려해 '유명 소설가나 시인들 고유의 향수를 개발하여 콜라보 제품을 론칭한다'는 항목과 '교보문고와의 콜라보를 통해 교보문고의 향기를 일정 기간 △△ 향으로 대체한다'는 항목을 골랐다고 가정하겠습니다. 그러면 이제 나머지 80%에 대한 아이디어는 빨리 포기하고 기타에 잠깐 언급하는 정도로 만족해야 합니다. 그리고 방금 선정한 두 문화 마케팅 아이디어에 집중합니다. 단계별로 탄탄한 전략을 세우고, 일부 작가들 및 교보문고와의 협업 가능성Feasibility을 체크하며, 브랜드 효과와 매출을 예측Forecast하는 데 주력해야죠. 선택과 집중이 굉장히 중요합니다.

지금까지 설명한 '10%의 비밀', '의견을 내는 기술', '속도 높이기'를 이용해 기획서를 작성한다면, 맨 처음 언급한 '좋은 평가', '기대치 관리', '지속력'에 대한 고민도 충분히 해결할 수 있을 겁

니다. 좋은 기획서를 작성하는 데 필요한 이 3가지 기술은 기획서뿐 아니라 당신의 업무 전체를 관통하는 중요한 원칙이기도 합니다. 이 3가지 원칙을 반드시 마음속에 새기며 좋은 기획자로 성장하길 바랍니다.

제2강

·

**무조건 먹히는
기획서의 '원칙'**

기획서는 보통 '파워포인트^{PPT}'를 만들며 '최종 정리'됩니다. 즉, PPT는 마지막 정리 단계에서 사용하는 툴이라는 겁니다. 하지만 정말 많은 사람들이 기획서를 쓸 때 PPT부터 열어놓고 고민하기 시작합니다. 아직 재료들이 제대로 준비되지 않았는데 말이죠. 영화에 비유하자면 시나리오 작업이 미처 끝나지도 않았는데 '편집'을 시작하는 것과 같습니다. 책으로 치면 제본을 다 해놓고 그 위에 인쇄를 하는 것이나 마찬가지죠. 자신 있게 말씀드리건대, 미션이 떨어졌을 때 PPT부터 열어놓고 시작하는 기획서는 실패할 확률이 굉장히 높습니다.

어떤 기획이든 시작은 '글(내용)'입니다. 기획에서 가장 중요한 것도 바로 '글'이죠. 아이디어를 마구 적어 내려간 초안에서 시작해 몇 번의 검토와 논리 검증을 거친 '최종 글'만 있으면, 거기에다 그 글이 보석같이 빛나기까지 한다면 PPT 디자인 따위는 예쁘지 않아도 됩니다. 만약 여러분이 논리를 조금 더 보강하고 싶고, 단어나 문체를 더 세련된 표현으로 바꾸고 싶은데 시간이 부족하다면, 과감하게 PPT를 만들지 말라고 말씀드리겠습니다. 이런 경우에는 완성된 '글'만 가지고 가도 됩니다. 그 글을 보면서 충분히 서로 커뮤니케이션을 하고 Q&A를 진행할 수 있습니다. 만약 클라이언트가 왜 PPT가 없냐고 불만을 토로한다면 솔직하게 대답하세요. '내용'에 집중하고 고민하느라 주어진 시간을 다 썼다고요.

이런 이야기를 하는 이유는 점점 더 많은 사람이 내용보다 형식에 큰 비중을 두기 때문입니다. '내용'은 인문 영역이고, '형식'은 테크닉 영역입니다. 그러니 내공이 부족하거나 고민의 흔적이 없으면 좋은 결과물(내용)이 나오기 쉽지 않지만, PPT 디자인(형식)은 고민보다는 시간을 충분히 들이면 제법 만족스런 결과를 얻을 수 있습니다. 물론 형식이 불필요하다는 말이 아닙니다. 형식에도 분명 강력한 힘이 있습니다. 하지만 그럼에도 형식은 절대로 내용을 대체하지 못합니다.

1. 기획의 타깃과 목적을 명확히 하라

지금까지 받아본 메일, 제안서, 문자 등을 한번 잘 떠올려보세요. 그중 당신을 움직이게 만든 것도 있고 그렇지 않은 것도 있을 겁니다. 왜 이런 차이가 나는 걸까요? 왜 어떤 글은 우리를 움직이게 만들고, 어떤 글은 휴지통에 버려질까요?

제 '휴지통'에 있는 메일을 하나 소개하겠습니다. 메일 제목은 '유튜버 분들 대상으로 메일 보내드립니다'입니다. 어떤가요? 저는 제목을 보는 순간, 일단 '대상'이 특정되지 않아 읽을 마음이 전혀 생기지 않았습니다. 게다가 공동 수신자가 무려 21명이었어요. 단체메일인 것이죠. 나한테만 제공되는 특별한 혜택이 없을 거라는 걸 직감했습니다. 숨은 참조로 보냈다면 그나마 나았을 텐데 발신자는 그런 센스조차 없었습니다. 메일을 훑어보니 유튜버를 대상으로 성형 협찬을 하고 있는데 관심 있는 항목을 알려 달라는 내용이었어요. 저는 성형에 관심이 일절 없는 사람인데, 어디를 고치고 싶은지 알려 달라는 '굉장한 능동성'까지 요구하니 **황당하단** 생각이 들었습니다.

이 메일에는 크게 2가지 문제점이 있습니다. 대상이 특정되어 있지 않다는 것, 수신자의 관심을 고려하지 않은데다 능동성까지 요구했다는 것. 불특정 다수에게 마구 뿌려대는 정크메일을 극단적인 예로 들었지만, 기획서도 똑같습니다. 상대방의 행동을 유도

하는 기획서를 쓰려면 다음 2가지를 반드시 염두에 두어야 하죠.

첫째, 글을 쓰는 단계에서 이 글을 '누가' 볼지 반드시 머릿속으로 생각하고 있어야 합니다. 기획서를 쓰기 시작한 순간부터 마무리할 때까지 대상을 머리에 담아두고 있어야 '사용하는 용어'의 수준과 '말투'가 결정되고, 이것이 '내용'과 연결될 수 있습니다. 당신의 기획서를 다수의 대중에게 보여줘야 한다면, 다소 글이 길어지더라도 전문용어를 줄이고 쉽게 풀어 써야 합니다. 마음을 움직이는 감성적인 표현도 곁들여야 하고요. 반면 당신의 기획서가 비즈니스에서 어떤 결정을 내리는 데 영향을 미치는 경우라면, 감성적인 톤은 배제하고 전문용어를 사용해 간단명료한 글을 써야 합니다.

이 문장을 한번 볼까요.

"론칭 규모감과 타깃의 미디어 주목도 증대를 위해, 유저 인터랙션User Interaction 광고를 포털사이트에서 집행함으로써 임프레션Impression을 확보하겠습니다."

상대방이 광고 집행 경험이 많은 클라이언트이거나 광고업계 종사자라면 이 문장을 매우 평범하게 받아들일 겁니다. 그렇지 않다면 상대방은 아마도 이 문장의 의미를 정확히 파악하지 못할 가능성이 큽니다. 그럴 때는 "제품을 출시할 때 우리 제품이 대세가 될 거라는 느낌을 확 풍기며, 더 많은 고객들이 주목할 수 있도록 네이버 같은 메인 포털사이트에 반응형 광고를 집행하여 유효

한 노출수를 확보하겠습니다"라고 풀어서 설명하면 훨씬 좋은 글
이 됩니다.

둘째, 어떤 글이든 반드시 '목적'을 갖고 있어야 합니다. 목적
은 크게 3가지로 나눌 수 있습니다. 어떤 주제에 대해 '설명하기
위한 것', '피드백을 받으려는 것', '상대방을 설득하려는 것'. 우
리는 이 3가지 중에 한 가지 목적을 정해야 합니다. 그리고 목적
을 정했다면, 정확히 이 목적에 부합하는 제목, 내용, 문장 구성,
어투로 글을 작성해야 합니다. 가령 상대방을 설득하고자 쓴 글이
지만 의도와 다르게 피드백을 받으려는 기획서처럼 작성됐다면,
그 글을 읽는 사람은 혼란을 느낄 수밖에 없습니다. 이 경우 상대
방이 글의 의도를 파악하기 위해 시간과 에너지를 들여 당신의 글
을 분석해야 하는데, 여간해서는 이런 수고를 들이려 하지 않죠.
그래서 혼란을 주는 글들이 쓰레기통에 버려지는 것입니다.

첫째 내 글을 읽을 사람이 '누구'인지, 둘째 내 글의 '목적'이
무엇인지를 기획서 작성을 시작하는 순간부터 끝날 때까지 머릿
속에 집어넣고 잊지 않아야 합니다.

돈 되는 기획

2. 목표를 N등분하라

비즈니스는 절대 누구 한 사람의 결정으로 이루어지지 않습니다. 중간에 많은 결정권자가 있습니다. 당신의 기획서는 어떤 식으로든 결재를 받게 되고, 그 과정에서 타인의 '의견'이 더해지게 됩니다. 당신의 기획서는 확정되기 전까지는 '최종 버전'이 될 수 없습니다. 당신이 정말 완벽하다고 생각한 기획서도 결국 많은 수정을 거치며 합의점을 찾아갈 겁니다. 당신은 항상 다음 단계로 넘어가기 위한 작업을 고민해야 합니다.

가령 당신의 최종 목표가 A기업의 홈페이지 제작 및 유지보수 업무 전반을 맡아 연간 계약을 맺는 것이라고 합시다. 이때 기획서의 최종 목표는 무엇일까요? 당신의 계획을 설득시킨 뒤, 계약서에 도장을 찍고 세금 계산서를 발행하는 것이겠죠. 그런데 처음부터 당신이 꿈과 희망을 모두 펼쳐놓고 더 나아가 구체적으로 계약을 언급하며 밀어붙인다면 어떻게 될까요? 장담컨대 조급하게 밀어붙일수록 계약이 성사될 확률은 점점 낮아질 겁니다. 우리는 스티브 잡스가 아니고, 우리 회사는 구글이 아니니까요.

사전에 충분한 OT가 있었다 해도 마찬가지입니다. 클라이언트는 OT에서 자기 회사를 100% 오픈하지 않습니다. 즉 처음부터 클라이언트의 사정과 이야기를 100% 파악할 수 있는 방법이 없다는 말입니다. 상대방이 기대한 니즈, 혹은 그 이상을 우연히 완벽하게 충족시켜서 좋은 결과가 날 수도 있습니다. 하지만 그건 상당한 운이 따라줘야 가능한 일이죠.

우리는 '온도차'라는 말을 자주 쓰는데요. 상대방의 생각과 내 생각이 많이 다를 때 '온도차가 난다'고들 합니다. 그런데 첫인상에서부터 내 생각을 밀어붙여 온도차가 많이 난다는 느낌을 심어준다면, 솔직히 더 이상 승산이 없다고 봐야 합니다. 세상에는 대안이 많거든요. 이미 벌어진 온도를 다시 맞추려면 몇십 배로 노력해야 합니다.

지금부터 이 온도차를 최소한으로 줄이면서 당신의 스토리를 설득시키고, 좋은 결과를 낼 수 있는 검증된 방법을 소개하겠습니다.

목표를 N등분하라! 최종 목표를 각각의 상황에 맞춰 쪼개는 겁니다. 예를 들어 앞에서 말한 '홈페이지 제작 및 유지보수 업무 전반을 맡아 연간 계약을 맺는 것'이 최종 목표라고 합시다. 그렇다면 첫 미팅의 목표는 포트폴리오와 회사의 히스토리, 구성원 소개 등을 통해 클라이언트에게 신뢰감을 주는 것입니다. 두 번째는 현재 클라이언트의 홈페이지를 왜 리뉴얼해야 하는지, 문제점이 무엇인지 명확히 짚어주어 공감대를 형성하는 것이고요. 마지막으로는 두 번째 미팅에서 언급한 문제점을 해결할 솔루션을 제시하고, 가능하다면 예상 효과까지 제안하는 겁니다.

왜 기획서의 목표를 이렇게 N등분해야 할까요? 바로 '대응

작업 진행의 올바른 단계

25% → 대응과 정비 / 피드백 반영 → 50% → 대응과 정비 / 피드백 반영 → 75% → 대응과 정비 / 피드백 반영 → Final Goal

과 정비' 때문입니다. 첫 미팅은 당신을 소개하는 자리이기도 하지만 상대방의 회사를 염탐하는 자리이기도 합니다. 이 회사가 지금 무엇을 고민하는지, 구성원 중에 누가 실세인지, 회사 분위기는 어떤지 등을 파악할 수 있죠. 두 번째 미팅은 문제점을 제시하는 동시에, 당신이 문제점을 제대로 파악했는지 방향을 확인하는 자리입니다. 만약 맥을 잘못 짚었다면 차라리 잘 된 일일 수 있습니다. 생각해보세요. 만약 여기서 솔루션을 제시해 버렸는데, 애초에 문제점을 잘못 파악한 거라면 어떨까요? 문제점을 잘못 파악했으니 솔루션을 제시했다한들 공감을 얻기는 당연히 힘들겠죠. 그 회사는 당신에게 두 번째 기회를 주고 싶어 하지 않을 겁니다. 당신 역시 시간과 에너지를 낭비한 셈이 됐고요.

급한 쪽은 기획서를 제안하는 당신이지 상대방이 아닙니다. 더구나 기획서를 작성하는 쪽은 대부분 자기 논리에 빠지기 쉽기 때문에, 자칫 잘못하면 되돌릴 수 없는 온도차를 만들고 말죠. 따라서 '대응과 정비'는 기획서에서 아무리 강조해도 지나치지 않을 만큼 중요한 부분입니다. 상대방을 제대로 분석하지 않고 고민도 없이, 내 직감과 분석력만으로 문제를 제시하고 솔루션까지 제안하는 것은 어찌 보면 매우 간단한 일입니다. 단순히 내 주관적인 견해만 많이 넣으면 되니까요. 하지만 진짜 프로들은 그렇게 쉬운 길을 가지 않습니다. 쉬운 길에는 쉬운 답만 있습니다. 조금 어렵고 귀찮더라도 상대방 회사의 마케팅팀, 영업팀, 재무팀, 고객관리팀 등 다양한 부서를 가능한 한 많이 접하고, 많은 이야기를 듣고, 본질을 보려고 노력해야 합니다. 기획서를 쓰는 사람이 리스크를 '쉽게' 생각하면, 리스크도 당신을 쉽게 생각합니다. 긴장감을 유지할수록 기획은 본질에 가까워지고 더 확실해질 것입니다.

3. 숫자를 활용하라

이런 말 들어보셨죠?

"일을 잘하는 사람은 숫자를 말하고, 일 못하는 사람은 추상을 말한다."

당신의 기획서에 숫자보다 추상적인 표현들이 점점 많아지고 있다면 일단 작업을 멈추세요. 아마 기획서에 담는 내용에 대해 당신 스스로 자신감이 떨어져 있을 가능성이 큽니다. 인간은 자신이 없으면 표현이 과장되고 말이 길어집니다. 자꾸 수식어가 붙습니다. 자신 있다면 문장 3줄로 끝날 것이 구구절절한 10줄짜리 문장이 됩니다. 무엇보다 감성과 추상으로 가득 차 있는 글은 반박당하기 십상입니다. 그러니 절대 그대로 들고 가서는 안 됩니다.

무엇보다 기획에서 숫자란 본질이자 언어입니다. 그만큼 중요하단 말이죠. 이런 숫자에 빈틈이 생기면 기획은 부실해집니다. 숫자를 가볍게 보는 기획은 암초를 만나 흔들릴 수밖에 없습니다. 숫자는 매 순간 함께하지만 결코 만만하게 봐서는 안 되는 존재란 걸 명심하세요.

당신이 한 기업의 슬로건을 변경하는 제안서를 준비하고 있다고 합시다. 이 기업의 현재 슬로건은 'WE DESIGN INNOVATION' 입니다. 새 슬로건을 제안하려면 기존 슬로건의 문제점을 짚어주어야 합니다.

"INNOVATION이라는 단어는 많은 기업에서 쓰고 있는 닳고 닳은 말입니다. 혁신이 혁신처럼 느껴지지 않죠. 그래서 슬로건을 바꿔야 합니다."

이런 식으로 말하면 어떨까요? 그럴듯한 말에 상대방이 잠깐 현혹될 수 있겠지만 아마 시간이 지날수록 의구심이 들 겁니다. 근거가 부족하기 때문이죠. 그럼 이건 어떨까요?

"'혁신'이라는 단어를 들었을 때 고객들의 머릿속에 가장 먼저 떠오르는 기업 순위에서 우리는 어디에 있을까요? 300명을 대상으로 설문조사를 한 결과 우리는 10위권 안에 없었습니다. 시장점유율^{Market Share} 3위에 있는 우리 브랜드가 '혁신'에 대한 소비자 인지도^{Mind Share}에서는 무려 15위를 차지했습니다. 이 갭을 줄이기 위해서는 새로운 슬로건 개발이 필요합니다."

숫자가 들어간 문장과 그렇지 않은 문장의 설득력 차이가 느껴지나요?

기획서에 쓸 숫자를 뽑아내기 위해 가장 많이 쓰는 방법은 '설문조사'입니다. 하지만 설문조사는 규모가 크면 클수록 비용이 많이 들어갑니다. 게다가 성별, 도시별, 연령별 비교까지 필요한 경우에는 질문지를 '정교하게' 설계해야 하기 때문에 전문기관에 맡겨야 할 수도 있습니다. 그런데 현실적으로 모든 기획서에서 이런 대규모 설문조사를 진행할 수 있을까요? 그렇지 않습니다. 그러니 예산이 적은 프로젝트나, 시간과 인력이 매우 부족할 때는 좀 창의적인 방법을 써도 됩니다.

당신이 코스메틱 브랜드 러쉬^{LUSH}의 한 향수 제품에 대한 '네이밍 변경 제안'을 준비하고 있다고 가정합시다. 당신은 클라이언트와의 미팅에서 화면에 이런 글을 띄워 놓았습니다.

"이번에 러쉬에서 새로 출시한 향수의 'Fresh as'라는 네이밍은 그 의미를 파악하기 어려워, 타깃이 우리 제품을 한눈에 인지할 수 없을 것 같습니다. 따라서 네이밍 변경을 제안합니다."

과연 맞는 말일까요? 상대방의 반응은 안 봐도 뻔합니다. 의구심에 가득 차겠죠. 문제점을 짚어주는 부분에서 당신의 주관이 주로 개입됐으니까요. 그렇다면 이건 어떨까요?

"거리에서 주요 타깃인 20대 여성 10명과 심층 인터뷰를 한 결과, 'Fresh as'의 진짜 의미를 이해하는 여성은 단 20%에 불과했습니다. 즉 우리 제품 Fresh as가 추구하는 가치를 전달하려면 마케팅 비용 상승이 불가피합니다. 그들의 목소리를 직접 들어보시죠."

그리고 실제로 거리 인터뷰 중 당신의 의도에 부합하는 부분을 편집해 들려줍니다.

거리에 나가 10명 정도의 인터뷰를 따는 건 거절당하는 것까지 포함해도 2시간이 채 안 걸릴 겁니다. 그리고 이것은 단순 설문조사가 아닌 심층 인터뷰이기 때문에, 10팀 정도만 진행해도 충분히 유의미한 인사이트를 많이 뽑아낼 수 있습니다. 인터뷰의 일부를 클라이언트에게 직접 들려주는 것 역시 굉장히 효과적입니다. 10팀 내외의 포커스 그룹 인터뷰는 실제로 대기업에서도 많이 실행하는 방식입니다. 생각보다 효과적이죠.

물론 이처럼 매번 거창한 조사를 하지 않아도 괜찮습니다. 하지만 조금만 유연하게 생각하면 충분히 유의미하고 효과적인 숫자들을 뽑아낼 수 있습니다. 이 숫자들을 활용하느냐 하지 않느냐는 굉장한 차이를 만들어낼 것입니다.

4. 남다른 단어 선택이 남다른 기획서를 만든다

아마 이 책을 보는 많은 분들은 공통적으로 이런 고민을 안고 있을 겁니다.

"대체 어떻게 하면 남들과 다른 기획서를 만들 수 있을까?"

차별화된 기획서의 요건에는 여러 가지가 있지만, 그중 가장 큰 효과를 거둘 수 있는 것이 바로 '단어 선택'입니다. 내용이 같은 기획서라도 단어 선택에 따라 임팩트가 완전히 달라질 수 있기 때문입니다. 앞에서 언급한 '숫자'가 사람의 머리를 움직인다면, '단어'는 사람의 마음을 움직이는 힘이 있습니다. 이때 반드시 어려운 단어를 써야 하는 것도, 언어 구사 능력이 탁월해야 하는 것도 아닙니다.

'강력한 첫인상을 심어줘야 합니다'라는 문장을 예로 들어보겠습니다. 당신은 이 문장을 어떻게 바꾸겠습니까? 가장 먼저 '핵심 단어'를 골라야 합니다. 여기서 핵심 단어는 '첫인상'입니다. 따라서 핵심 단어는 그대로 두고, 대신 '강력한', '심어줘야 한다' 같은 상투적인 표현을 바꾸는 것이 좋습니다. 첫인상이란 말 그대로 두 번 있을 수 없습니다. 여기서 힌트를 얻어 저라면 '첫인상을 줄 수 있는 두 번째 기회는 없다'로 문장을 바꾸겠습니다. 어떤가요? '강력한 첫인상을 심어줘야 합니다'와 '첫인상을 줄 수 있는 두 번째 기회는 없다'의 함의는 같지만 후자가 더 세련되고 마음을 움직이는 것 같지 않나요? 핵심 단어(본질)를 남기고 그 옆에 붙어 있던 상투적인 표현을 본질과 가까운 표현으로 바꾼 것뿐입니다.

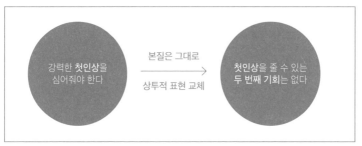

한 가지 예를 더 살펴보겠습니다. '메일을 보낼 때 오타가 있으면 안 된다'라는 문장은 제가 많은 분들에게 당부하고 싶은 말입니다. 그런데 표현 자체가 너무도 닳고 닳았기 때문에 그냥 이렇게 표현하면 크게 와닿지 않을 거예요. 당신은 이 문장을 어떻게 바꾸겠습니까?

마찬가지로 핵심 단어인 '메일'과 '오타'는 그대로 둡니다. 그리고 문장의 표현을 바꾸기 위해 먼저 문장을 구조화합니다. 이 문장을 구조화하면 'A를 하면 안 된다'가 되죠. 단순해지니 약점이 보입니다. 이 말을 통해 위기감을 심어주고자 하는데, 이 문장에는 A를 하면 '어떻게 되는지'에 대한 구체적인 결과가 없습니다. 따라서 문장 구조를 'A를 하면 B라는 결과가 발생한다'로 바꾸겠습니다. '메일에 있는 오타는 당신이 딱 그만큼 중요하다는 뜻이다.' 어떻습니까? 이 말속에는 내 사소한 실수가 상대방과의 긍정적인 관계에 큰 방해가 될 수 있다는 확실한 결과를 보여줍니다. 좀 더 말하고자 하는 바가 뚜렷하게 느껴지죠.

좋은 단어를 선택해서 상대방을 감동시키고 싶은가요? 그렇다면 방법은 하나, 바로 노트 필기입니다. 실물 노트도 좋고 노트 앱을 설치해도 좋습니다. 어떤 형태이든 노트 필기야말로 당신의 표현력을 극상으로 끌어올려줄 수 있는 방법입니다. 정말이냐고요? 그렇습니다. 실제 전 세계 난다 긴다 하는 카피라이터들도 모두 이 방법을 사용하고 있습니다. 달리 말하면 '문장 수집'이라고도 할 수 있겠네요. 음악을 듣다 와닿는 표현이 떠오르면 적으세요. 책을 읽다 감동적인 표현이 있으면 적으세요. 길을 걷다 눈에 띄는 광고 카피가 있다면 적으세요. 친구들과 이야기를 하다 어떤 인사이트를 발견하면 적으세요. 메모가 노트를 채우고, 노트가 한 권 두 권 쌓이면 당신의 실력이 됩니다. 기획서를 쓸 때 상투적인 표현이 마음에 걸린다면 노트를 펼쳐 단어와 표현을 꺼내 조합해 보세요. 길이 보일 겁니다. 저는 실물 노트의 경우 몰스킨과 오롬이라는 룰드 노트를 10년째 사용하고 있어요. 간단한 메모는 애플의 '미리알림', 'Things'라는 앱과 마이크로소프트의 '원노트'를 주로 씁니다. 장문의 글은 '율리시스'를 애용하고 있고요.

5. 모든 것을 단순화하라

우리가 쓰는 것은 기획서입니다. 소설이 아니죠. 기획서의 글은 본질에 가까워야 하고, 그러기 위해서는 쓸데없는 것을 전부 덜어내는 '단순화' 습관이 몸에 배어 있어야 합니다. 이와 관련한 여러 가지 명언이 있습니다. 마크 트웨인은 "내가 글을 길게 쓰는 이유는 짧게 쓸 시간이 없기 때문이다"라고 말했고, 톨스토이는 "사람의 지혜가 깊으면 깊을수록 생각을 나타내는 말은 단순해진다"고 했습니다.

글을 단순화하는 몇 가지 방법을 제시하겠습니다. 첫 번째는 '미사여구를 빼는 것'입니다. 말을 어렵게 하는 사람, 말을 길게 하는 사람일수록 어떤 사실을 잘 모를 확률이 높습니다. 본질을 파악하지 못했기 때문에 빙빙 돌아갈 수밖에 없는 것이죠. 각 분야의 고수들을 한번 떠올려 보세요. 타이거 우즈, 마이클 조던, 마이크 타이슨, 박지성, 김연아 등 각 분야의 정상에 오른 고수들은 '쓸데없는 움직임이 없다'는 공통점이 있습니다. 만화를 봐도 악당들은 하나같이 덩치가 크고 온갖 화려한 기술을 선보이지만, 영웅은 절도 있는 한 방으로 악당을 단번에 제압하지 않습니까? 기획서의 고수들도 마찬가지예요. 고수들의 글은 군더더기가 없고, 짧고 간단하지만 강력한 설명으로 상대를 사로잡죠.

문제는 누구나 초안에는 미사여구가 들어간다는 것입니다. 그래서 초안을 쓴 다음 바로 PPT 제작 단계로 넘어가면 절대 안 됩니다. 초안을 5회 이상 정리하는 과정이 반드시 필요합니다. 초안은 다음 5가지를 기억하면서 솎아내세요. '중복되는 단어와 표현', '미사여구', '과장된 표현', '과도한 접속사', '본질에서 벗어난 문단' 이 5가지를 과감하게 버려야 합니다. 그러면 비로소 핵심만 남게 되죠. 글이 너무 짧아질까 봐 걱정이라고요? 아닙니다. 분량 때문에 눈치 보는 건 대학 시절 리포트로 끝내야죠. 오히려 지금은 글이 A4 1장을 넘어가면 의심해봐야 합니다. 논리가 부족하지는 않은지, 본질에서 벗어나 있지는 않은지 면밀히 살피면서요.

다음은 실제 우리 회사의 리포트에 적혀 있던 글입니다. 어떤 식으로 줄일 수 있는지 한번 보겠습니다.

수정 전

메시지 수신자가 신뢰할 수 있는 제3의 보증인을 주인공으로 내세움으로써 뉴스의 조건인 공공성을 확보하고, 메시지에 대한 타깃 공중의 engagement 확보

A. Solar-Tech Pro
- 패스트에너지社의 시공사, 시공인들에 대한 전문성이 느껴지도록 포지셔닝
- 이번 CSR을 통해 시공인들의 명칭을 'Solar-Tech Pro'로 공식화함으로써 패스트에너지社 시공의 전문성 홍보

돈 되는 기획

수정 전 박스에 있는 문구를 2번만 읽고 줄여도 수정 후처럼 간결하고 명확해집니다. 이처럼 미사여구, 접속사, 본질에서 벗어난 단어를 과감히 덜어내면 기획서 내용을 훨씬 효과적으로 전달할 수 있습니다.

글을 단순화하는 두 번째 방법은 '글을 복잡하게 쓰지 않는 것'입니다. 복잡하게 써야 뭔가 '있어 보인다'는 고정관념은 버리세요. 복잡한 글은 이해도만 떨어뜨릴 뿐입니다.

글을 복잡하게 쓰지 말아야 할 또 다른 이유에는 비즈니스적인 측면도 있습니다. 당신이 상대하는 클라이언트나 파트너는 대부분 상사가 있습니다. 담당자가 당신을 만나고 나면 상사에게 미팅 내용을 '보고'해야겠죠. 그런데 담당자에게 난해한 기획서를 안겨준다면 어떻게 될까요? 담당자는 당신과 일할 때마다 일이 늘어난다고 느낄 거예요. 보고를 위해 난해한 기획서를 분석하고 요약해야 하니까요. 그러면 담당자를 내 편으로 만들기도 힘들 겁니다. 더불어 같은 맥락으로, 워드형 기획서는 가능한 한 상대 회사가 이용하는 포맷에 맞추는 게 좋습니다. 애초에 사내에서 사용하는 양식을 달라고 하는 것도 매우 좋은 방법이에요. 그뿐 아니라 클라이언트 분야에서 사용하는 전문용어를 공부해서 용어를 정확히 맞춰주면 담당자가 상사에게 보고할 때 훨씬 수월하겠죠. 당신의 기획이 실현될 수 있는 시간을 줄여줄 뿐 아니라 확률도 높여주는 탁월한 방법입니다.

여담인데, 내 기획서가 자꾸 말이 길어지고 복잡해진다 싶으면 일단 멈추고 충분한 휴식을 취하세요. 사람은 정신이 맑을수록 행동과 사고가 간결해집니다. 그리고 기획서를 쓰는데 쓸데없는 내용이 하나둘 늘어난다는 감이 오면, 이 기획이 잘못된 방향으로 가고 있는 건 아닌지 꼭 점검해보세요. 방향을 잘못 잡으면 계속 밀어붙여 봤자 나중에 다 수정해야 합니다.

6. 주변을 이용해 아이디어를 검증하라

기획서를 쓰다 보면 지나치게 나만의 논리에 몰입하는 경우가 있습니다. 막상 다른 사람에게 보여주면 내가 생각했던 것과는 크게 어긋나는 기대치나 반응이 나오죠. 이유는 여러 가지가 있겠죠. 기획서가 아직 초기단계라 정리가 덜 되었거나, 논리가 떨어지거나, 발표 내용이 어려워서일 수도 있습니다. 혹은 상대가 우리 프로젝트의 타깃이 아닐 수도 있고요.

당신의 프로젝트가 대중의 동의를 얻어야 하는 B2C^{Business to Consumer} 성격을 띠고 있다면, PPT 작업을 하기 전에 워드 형태로 완성된 글을 주변에 있는 환경이 다른 3명에게 먼저 보여주고 피드백을 받으세요. 논점에서 크게 벗어난 피드백이 아니라면 큰 도움이 될 겁니다. 자신이 쓴 글의 논리적 허점은 내 눈에는 잘 보이지 않지만 남들 눈에는 쉽게 보이니까요.

다양하고 솔직한 검증을 받는 또 다른 좋은 방법은 내가 속한 커뮤니티를 활용하는 것입니다. 커뮤니티의 익명 게시판이나 자유 게시판에 '기획서의 주어'와 '핵심 아이디어'를 약간 희석해서 올려보세요. 이때 주의할 점은 외부에 정보가 유출되면 안 되므로 반드시 희석해야 한다는 것입니다.

게시판에 올린 글에 이런저런 댓글이 달리면 그것을 참고해 기획서를 개선해나갑니다. 생각보다 많은 도움을 얻을 수 있습니다. 익명으로 피드백을 받기 때문에 지인한테 의견을 묻는 것보다 더 솔직한 피드백을 받을 수 있어요. 가감 없는 피드백이죠. 좋은 아이디어 준 사람들한테는 기프티콘을 보내준다는 말도 잊지 마세요. 피드백의 질이 몰라보게 좋아집니다. 정말 효과적이고, 빠른 방법이니 꼭 활용해보기 바랍니다.

내가 부족한 부분을 다른 사람이 채워줄 수 있게 유도하는 것도 일종의 리더십입니다. 도움을 받는 건 부끄러운 게 아녜요. 대신 그에 걸맞은 대가를 제공해야죠. 도움을 잘 받는 것도 우리가 갖춰야 할 능력의 하나입니다.

7. 아이디어를 묵혀라

저는 속도를 미덕으로 삼고 '빠른 일처리'를 굉장히 선호합니다. 하지만 기획서나 아이디어는 '묵혀놓는 시간'이 반드시 필요합니다. '이거 정말 좋다!', '대박이다!'라고 생각되는 아이디어가 다음 날이 되면 왠지 시시하단 생각이 들어서 자신감이 없어지고 이불킥 했던 경험은 누구나 있을 겁니다. 사람은 시간이 지나면 빈틈을 발견하게 마련이거든요. 충동구매랑 비슷한 이치입니다. 어떤 옷이 너무 좋아 보여서 샀는데 나중에는 입지 않게 되거나, 어떤 가방이 너무 예뻐서 샀는데 결국엔 옷장 한구석에 처박아놓게 되는 것처럼요.

마찬가지로 아이디어의 빈틈 역시 기획서를 쓰는 그 순간이나 쓰고 난 직후에는 잘 보이지 않습니다. 우리의 뇌는 생각을 정리할 시간이 필요합니다. 추진력을 가지고 밀어붙이는 것도 중요하지만, 누가 시키지 않아도 자신의 기획과 아이디어를 늘 의심하고 빈틈을 찾으려는 노력도 매우 중요합니다.

그래서 '시간을 가지고 묵혀놓기'를 제안합니다. 아이디어를 묵히면 그제야 우리의 뇌가 '감성'을 빼고 '이성회로'를 돌립니다. 이 아이디어가 현실화될 수 있는지, 추진할 능력이 있는 기획인지, 이 기획으로 돈을 벌 수 있는지 등 전반적인 상황에 대해 판단할 수 있는 여유가 생기는 거죠. 당장은 참신해 보이는 아이디어도 하룻밤 지나고 나면 별로라는 생각이 드는 이유 역시 이 때문입니다.

아이디어를 아무 기준 없이 묵히는 것보다는 자기만의 기준을 세워놓는 것이 좋습니다. 저는 어떤 아이디어가 '다음 날'에도 좋으면 진짜 좋은 아이디어라고 생각하고, '그다음 날'까지 좋으면 그때부터 확신을 가지고 실행 계획을 짭니다. 반면 시간이 지날수록 의구심이 증폭된다면, 아깝지만 그 아이디어는 원점에서 다시 시작합니다. '3일이 지나지 않은 아이디어는 섣불리 제안하지 않는다' 이것이 제 원칙입니다. 며칠을 묵힐 것인지는 당신만의 타임라인에 맞게 설정하세요.

8. 아이디어는 대체 어떻게 내는가?

사실 성공한 아이디어를 떠올리는 방법을 정리하기는 쉽지 않습니다. 그래서 저도 구글이나 유튜브에서 '아이디어 내는 법', '아이디어 내는 공식'을 검색해봤습니다. 내가 모르는 어떤 공식이 있지 않을까 하고요. 결론부터 말하면 다 말도 안 되는 소리입니다. '아이디어 내는 방법' 같은 건 존재하지 않습니다.

앞서 '평소의 시간'이 중요하다고 이야기했습니다. 아이디어는 이 '평소의 시간'이 쌓여야만 나올 수 있습니다. 예를 들어 영화를 잘 안 보는 사람이 영화감독이 되어서 좋은 영화를 만들 수 있을까요? 또한 책을 거의 안 읽고 글을 써보지 않은 사람이 훌륭한 소설가가 될 수 있을까요? 그럴 확률은 0%에 가깝습니다.

좋은 기획을 하고 아이디어를 내고 그것을 이끌어갈 실행력을 기르기 위해서는 최대한 많은 경험을 해야 합니다. 회사도 다녀보고 창업이나 유튜브도 해보고, 영화, 책, 다큐멘터리도 많이 보고, 사람을 만나 이야기도 많이 나눠보세요. 그리고 그 경험들을 그냥 흘려보내지 말고 반드시 노트에 정리하세요.

아이디어를 내는 가장 좋은 방법

경험 → 메모 → 반복

'경험한다 → 메모한다' 이것이 하나의 루프입니다. 이 루프를 계속 돌리다 보면 '아이디어를 내야지!'라고 따로 생각하거나 본격적으로 돌입하지 않아도 아이디어가 자동적으로 기계처럼 떠오르는 날이 옵니다. '경험한다 → 메모한다 → 반복한다' 이 과정을 꾸준히 되풀이하세요. 이런 과정도 없이 아이디어를 잘 내고 싶다고 한다면 솔직히 그건 도둑놈 심보입니다. 주식 공부를 하지 않고는 주식으로 돈을 벌 수 없듯이, 기획이나 아이디어도 공부를 하는 사람이 더 잘 낼 수 있습니다. 하지만 다행히 이것은 결코 지겨운 공부가 아니죠. 평상시의 즐거운 경험을 메모하는 것뿐이니까요. 이 과정을 성실하게 반복하다 보면, 1년만 지나도 아이디어와 기획서의 수준이 완전히 달라졌다는 걸 느낄 수 있습니다.

여기서 착각하지 말아야 할 것은, 좋은 아이디어란 '혁신적'이어야 하되 '현실 가능성'이 있어야 한다는 겁니다. 경험을 통한 공부가 부족하면 하나같이 달나라 토끼 같은 이야기만 하게 됩니다. 현실을 고려하지 못하기 때문이죠. 또 우리는 '완전히 새로워야 좋은 아이디어'라는 편견에 사로잡혀 있습니다. 이 세상에 완전히 새로운 것이란 없습니다. 적어도 우리 세대에서는 그렇다고 봅니다. 아이디어는 창조가 아니라 '조합'이에요. 서로 다른 성질의 무언가를 조합해서 새로운 걸 만들어내는 것, 이게 혁신이고 아이디어입니다.

신이 아닌 이상 새로운 걸 창조할 수는 없습니다. 기획은 기성의 적절한 '조합'입니다. 하늘에는 수많은 별이 있죠. 기획이라는 건 아직 남들이 발견하지 못한 별과 별을 이어 '새로운 별자리 이름을 짓는 것'과 마찬가지입니다. 아이디어는 기획서 중 뒤이어 설명할 '문제를 해결하는' 단계에서 풀어내야 합니다. 그리고 문제를 해결하는 아이디어는 '2차 임팩트'여야 합니다.

경제경영 전문 출판사를 예로 들어보겠습니다. 독서 인구가 점점 줄어서 출판사 순위는 상위권을 유지하고 있지만 매출은 감소하는 상황입니다. 이때 '경제경영 말고 자기계발서까지 분야를 확장하라'는 솔루션은 '1차 임팩트'입니다.

2차 임팩트는 다음과 같은 솔루션입니다. '출판사에서 보유한 양질의 콘텐츠를 영상화해서 유튜브 시장에 진출하라' 혹은 '기존 콘텐츠를 음성화해서 오디오북 시장에 진출하라'는 것이죠. 출판사가 보유한 양질의 콘텐츠를 출판 시장을 넘어 유튜브나 오

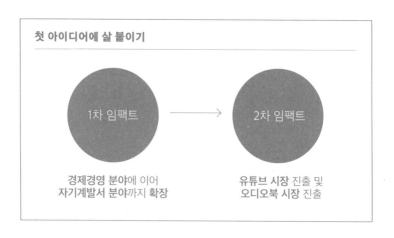

첫 아이디어에 살 붙이기

1차 임팩트 → 2차 임팩트

경제경영 분야에 이어
자기계발서 분야까지 확장

유튜브 시장 진출 및
오디오북 시장 진출

돈 되는 기획

디오북 시장으로 확장하면 오히려 좋은 결과를 도출할 수 있습니다. 아이디어는 2차 임팩트여야 한다는 걸 마음속에 새겨두세요. 이것이 아이디어가 풀리는 핵심 방법입니다.

그리고 또 한 가지, 아이디어를 결정할 때 꼭 민주주의를 적용할 필요는 없습니다. 크리에이티브는 뾰족해야 합니다. 그래야 살아 있는 아이디어가 됩니다. 아이디어를 '1번이 좋은 사람', '2번이 좋은 사람' 손 들어보라는 식으로 다수결로 끌고 가거나, 이 사람 저 사람의 의견을 수렴하고 반영하다 보면 결국 '날'이 무뎌집니다. 뭉툭한 창이 되는 거죠.

조직에 크리에이티브한 사람이 있다면 그 사람의 아이디어를 존중하고 서포트 해주세요. 더불어 '반대가 없는 아이디어'도 경계해야 합니다. 누군가는 불편해하고, 누군가는 반대 의견을 내는 아이디어가 사실 '살아 있는 아이디어'입니다. 보통 그 안에 '이슈'가 숨어 있거든요. 이슈나 포인트가 없으면 제품은 알려지지 않습니다.

기획서 작성에서 제 마지막 당부는, 크든 작든 성공하는 기획서의 경험을 많이 쌓으라는 겁니다. 성공 경험이 많을수록 그것이 당신의 루틴으로 자리 잡을 테니까요. 반대로 실패해도 괜찮으니, 실패를 통해 최대한 많은 기회를 잡으려고 노력하세요. 그래야 진심 어린 조언도 많이 들을 수 있습니다. 실수는 오히려 주니어 레벨에서 많이 경험하는 게 좋습니다. 직급은 높아지는데 자꾸 실패하는 기획서를 쓰면, 진심 어린 조언을 해줄 사람이 점점 줄어들기 때문에 문제가 생길 수 있어요.

지금까지 정리한 원칙을 기초로 경험을 쌓고 당신만의 기획서 스타일을 개발하세요. 어느새 당신은 아무도 범접할 수 없는 '기획자'가 되어 있을 겁니다. 그것은 자연스레 당신의 '몸값'으로 연결될 것이고요.

제3강

·

무조건 먹히는
기획서의 '구조'

지금까지는 기획서의 기본이 되는 '글'을 작성하는 방법을 알아봤습니다. 이제는 여러분의 글을 어떻게 PPT에 넣는 것이 좋은지 알아보겠습니다. 완성한 글을 단순히 복사해서 붙여넣기 하는 건 절대 안 됩니다. 글을 훨씬 더 단순화해야 하고 도식화해야 하며, 발표자의 성향에 맞게 페이지를 구성하고, 전반적으로 다시 구조화하는 작업도 해야 합니다. 다행인 건 잘되는 기획서에는 어느 정도 공식이 존재한다는 거예요.

이 단계에서 아직 디자인은 신경 쓰지 않아도 됩니다. 디자인은 위에 언급한 일들이 끝나고, 맨 나중에 신경 써도 되는 작업이라는 걸 기억하세요!

1. 아무도 안 알려주는 '잘되는 기획서의 구조'

지금까지 강조한 것처럼 설득을 위한 기획서에서는 사실을 나열만 하면 안 됩니다. 사실 위주의 정보만 나열되어 있다면 기획서의 목적은 설득이 아니라 '정보 전달'이 돼버립니다. 그렇게 목적에 어긋나는 기획서가 하나둘 쌓이다 보면, 두 번째 기회도 세 번째 기회도 당신에게서 점점 멀어질 것입니다.

그렇다면 '잘 만든 설득형 PPT(기획서)의 기본 구조'란 대체 뭘까요? 한마디로 '문제를 발견하고 문제를 해결한다'로 이루어진 구조입니다.

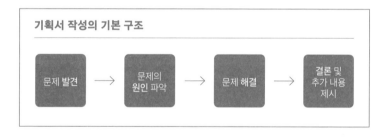

잘 만든 PPT는 보통 이런 흐름으로 이어집니다. 첫 번째는 '문제를 발견'하는 단계입니다. 상대방이 이미 인지하고 있는 문제도 괜찮고 그렇지 않은 문제도 상관없습니다. 중요한 건 우리가 '비용을 받고 해결해줄 수 있는' 문제를 발견하고, 상대에게 이것이 문제임을 각인시키는 것입니다. 이것이 기획서가 갖춰야 할 첫 번째 구조입니다. 이때 중요한 건 '당신이 해결할 수 없는' 문제는 발견할 필요도 없고, 어쩌다 발견했다고 해도 그것을 주제로 기획서를 작성해서는 안 된다는 사실입니다. 해결할 방법도 없이 문제를 들이대는 것만큼 아마추어 같은 행동도 없겠죠.

두 번째는 그 문제가 발생한 '원인'을 정확하게 짚어주는 것입니다. 왜 이런 문제가 생겼는지 꼼꼼하게 분석하는 거죠.

세 번째 단계에서는 발견한 문제를 해결할 '솔루션'을 제시합니다. 그리고 마지막 단계에서 이 솔루션을 통해 무엇을 개선할 수 있고 어떤 효과를 예상할 수 있는지 수치를 곁들여 설명해야 합니다. 즉, 정성적 목표와 정량적 목표를 함께 제시해야 하는데, 이는 뒤에서 기획서 샘플을 보며 상세히 설명하겠습니다.

경우에 따라 이 4단계의 '기본 구조'를 비틀 수는 있습니다만, 비장의 무기가 있지 않은 한 구조 자체는 크게 흔들지 않는 것이 좋습니다.

덧붙여 '문제를 발견한다 - 문제를 분석한다 - 문제를 해결한다 - 결론을 내린다'는 단계마다 감정 목표가 존재합니다. '설득'은 결국 인간의 마음을 움직이는 것이기 때문에 감정을 함께 건드려줘야 합니다. 기획서는 이성적이어야 하는 것이 맞지만 상대방의 감정을 이해하는 기획서는 이성적이기만 한 기획서보다 훨씬 유리합니다.

문제를 발견하는 구간에서는 '위기감'을 느끼게 해줘야 합니다. 그리고 문제의 원인을 짚어주는 구간에서는 '납득'이라는 감정을, 문제를 해결하는 구간에서는 '결단'을 이끌어내야 하며, 결론 구간에서는 '확신과 사명감'을 심어줘야 합니다.

단계에 맞게 내용을 잘 정리하고, 그에 맞는 감정의 흐름까지 놓치지 않고 챙긴다면, 분명 필승의 기획서를 얻을 수 있을 겁니다.

2. 0단계: 아이스브레이킹이 필요하다

다음은 제가 만들었던 '전주 한옥마을에 더 많은 관광객을 유치하는 공간 재구성 방법' PPT의 샘플입니다. 이것을 보면서 앞에서 이야기했던 단계들에 대해 좀 더 자세히 설명하겠습니다(지금부터 소개하는 내용은 예시일 뿐이고 그 어떤 것도 비하할 의도가 없습니다).

기획서를 만들 때 앞서 말한 단계들을 밟아 큰 틀을 구성하는 것이 맞습니다. 하지만 기획서의 한 종류인 PPT는 기본적으로 누군가에게 내용을 설명하는 '발표'를 염두에 두고 만드는 것이기에, 몇 가지 추가하면 좋을 페이지들이 존재합니다.

예를 들어 표지가 필요합니다. PPT에 어떤 내용이 들어가는지 보여주는 간결하고 명확한 글로 정리되어 있어야 하죠. PPT 표지에는 동영상을 넣으면 아주 좋습니다. 발표를 몇 번 해본 사람이라면 알겠지만 발표하기 직전이 가장 조용하고 어색한 시간입니다. 이때 PPT 표지에 있는 동영상을 재생하면 시선이 화면에 고정되어 어색함을 줄일 수 있고, 분위기도 발표자가 원하는 방향으로 몰 수 있습니다. 물론 발표와 어울리거나 연관이 있는 영상을 틀어야겠죠.

PPT 표지 구성

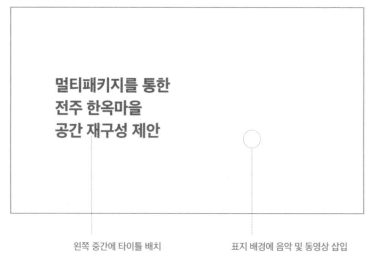

멀티패키지를 통한
전주 한옥마을
공간 재구성 제안

왼쪽 중간에 타이틀 배치 　　　　표지 배경에 음악 및 동영상 삽입 아니면 본격적인 내용에 들어가기에 앞서 '아이스브레이킹 페이지'를 한 장 넣어주는 것도 좋습니다. 어색한 분위기를 풀고 교감의 의미에서 발표 주제와 어울리는 명언이나 문구를 소개하는 정도면 충분합니다.

아이스브레이킹 페이지 예시

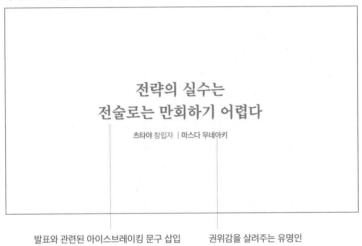

발표와 관련된 아이스브레이킹 문구 삽입   권위감을 살려주는 유명인

예를 들어 "전략의 실수는 전술로는 만회하기 어렵다"라는 문장은 어떨까요? 이것은 일본 기업 '츠타야^{TSUTAYA}'의 창립자 마스다 무네아키의 책에서 따온 문구입니다. 이 장표를 띄워놓고 발표할 때 이렇게 말하는 겁니다.

"전략 없이 단순히 공간만 잘 구축해 놓는다고 해서 고객은 방문해주지 않습니다. 하지만 '가치'가 더해진 공간이라면 고객은 반드시 찾아옵니다. 한옥마을 재구성에 좋은 전략과 실천이 따른다면 한옥마을은 지나가다 들리는 옵션이 아닌 고객이 일부러 찾아와주는 공간이 될 것입니다."

아무 글이나 넣고 아무 말이나 하는 게 아닙니다. 앞으로 소개할 기획서를 관통하는 한마디를 명언을 통해 들려주는 겁니다.

이 구간에서는 가능하면 우리가 만든 말이 아닌 유명인의 말을 인용하는 게 좋습니다. 바로 '권위감' 때문인데요. 같은 말이라도 유명인의 말을 인용해서 권위감을 높이는 것이 훨씬 유리합니다.

이런 문구들은 프로젝트에 임박해서 찾기 시작할 게 아니라 평소에 메모해둔 노트에서 찾아야 합니다. 그래야 억지로 문구에 내용을 끼워 맞추거나 문구를 제대로 소화하지 못하고 사용하는 일을 방지할 수 있습니다. 앞서 메모의 중요성을 강조한 이유가 바로 이 때문입니다.

3. 1단계: 문제를 발견한다

이제 본격적으로 '문제를 발견'하고 제시하는 단계에 대해 살펴보겠습니다. 일단 이 단계에서 문제를 찾는 일은 그리 어렵지

돈 되는 기획

않을 것입니다. 진짜 어려운 것은 문제를 어떻게 상대에게 보여줄까 하는 것이죠. 이때 효과적인 방법 중 하나는 '남의 말을 빌리는 방법'입니다. 실제 잘 만든 기획서에서 자주 쓰는 방식이기도 합니다. 왜 남의 말을 빌려야 할까요?

'문제를 발견한다'는 것은 곧 상대방의 단점을 지적하는 것과 같습니다. 단점을 지적할 때 상대방에게 단도직입적으로 '너는 지금 이런 문제가 있어'라고 이야기하기는 사실 굉장히 힘듭니다. 그러니 남의 말을 이용해 충격을 한 번 줄여보자는 것이죠. 남의 말을 빌려서 지적하는 것이 좀 더 노골적으로 문제를 지적할 수 있기도 하고요.

남의 말을 이용하기 위한 예산이나 시간이 충분하다면 대규모 설문조사를 시도해볼 수도 있습니다. 그러나 대부분의 상황에서는 늘 예산과 시간이 녹록치 않죠. 이때 잘 만든 기획서는 '온라인 댓글'을 많이 활용합니다. 온라인에 올라와 있는 대표적인 비판적 평가들을 날것으로 보여주는 것이죠. 생각보다 굉장히 잘 먹히는 전략입니다.

문제를 발견하는 구간에서 필요한 감정은 '위기감'이라고 앞서 설명했습니다. 온라인 댓글은 대부분 익명으로 쓰기 때문에 사람들의 가감 없는 생각을 확인할 수 있는 좋은 기회가 됩니다. 이는 '위기감'을 불러일으키기에 아주 적절하고요.

온라인 댓글을 활용한 예

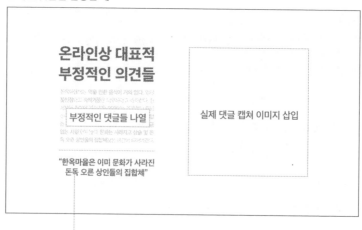

온라인상 대표적
부정적인 의견들

부정적인 댓글들 나열

"한옥마을은 이미 문화가 사라진
돈독 오른 상인들의 집합체"

실제 댓글 캡쳐 이미지 삽입

댓글 한 줄 요약

4. 2단계: 문제를 분석한다

예를 들어 '한옥마을은 한국 고유의 전통 문화가 사라진 상업적 시설물들의 집합체'라는 문제를 발견했다고 합시다. 그다음은 문제의 원인을 분석하는 두 번째 단계입니다. 앞에서 기획서의 구조를 설명하면서, 이 단계에서 중점을 둬야 하는 감정선은 '납득'이라고 설명했습니다. 상대방을 납득시키기 위해서는 '숫자 제시'가 필수적이고 효과적입니다.

숫자를 만드는 일은 생각보다 쉽습니다. 먼저 포털사이트의

돈 되는 기획

온라인 리뷰들을 종류별로 모아 엑셀에 정리합니다. 그다음 카테고리가 비슷한 리뷰끼리 그룹화 합니다. 이렇게 그룹화 하면 4~5개 정도의 큰 카테고리가 생성됩니다. 앞서 말했다시피, 온라인 평가는 굉장히 유용한 데이터입니다. 당신이 리뷰를 200개 모았다면 순식간에 200개의 데이터가 생기는 셈이죠. 물론 정교한 설문조사는 아니기 때문에 빈틈이 있을 수 있지만, 이 정도 데이터만 있어도 상대방은 충분히 납득할 겁니다.

자, 한옥 마을 관련 리뷰를 200개 수집해 카테고리로 나눴더니 쓸 만한 수치를 도출할 수 있었습니다. 이를 가지고 발표 때 이렇게 설명하는 겁니다.

"리뷰 200개를 분석한 결과, 부정적인 의견을 크게 3가지로 분류할 수 있었습니다. 첫째, 연관성 없는 사업공간이 많다는 의견이 50%, 둘째, 재미 요소가 부족하다는 의견이 30%, 마지막으로 상술로 여겨질 만큼 이용 금액이 과도하게 책정됐다는 의견이 20%로 정리됐습니다."

이게 바로 우리가 발견한 문제의 원인이 됩니다. 직접 설문조사를 하지 않아도 온라인 리뷰를 활용해 얼마든지 수치화가 가능하죠. 또한 이런 수치와 평가로 미루어, 현재 한옥마을에는 상술만 있고 고객을 위한 전략은 보이지 않는다는 결론을 얻을 수 있습니다. 이 결론은 시작할 때 보여준 아이스브레이킹 페이지 문구와도 연결이 되죠.

5. 3단계: 문제를 해결한다

세 번째 단계는 '문제를 해결하는 방법'을 제시하는 구간입니다. 여기서는 단순한 문제 해결법이 아닌 목표를 제시하면 좋습니다. 목표 설정은 기획서에서 매우 중요한 부분이므로 3단계에서 한 번 언급하고, 4단계인 결론에서 다시 한번 반복합니다. 이때 '정성적 목표'와 '정량적 목표'를 나누어 제시하는 것이 이상적입니다.

먼저 다음 PPT를 통해 정성적 목표를 어떻게 소개하는 것이 좋은지 알아보겠습니다. 여기서 저는 '한옥마을을 대한민국의 랜드마크로 만들어야 한다'는 문구를 쓸 수도 있었습니다. 하지만 '시작점'이라는 포인트 단어를 대신 적어 넣었습니다. 앞에서 단어 선택의 중요성을 설명했었죠. 좋은 단어를 선택하는 것이야말

정성적 목표 제시 페이지의 예

시작점.

문장보다는 포인트 단어를 제시

돈 되는 기획

로 차별화된 기획서의 핵심 요소라고 할 수 있습니다. '랜드마크'라는 식상한 단어보다는 '시작점'과 같은 신선한 단어를 사용하는 것이 좋고, 긴 문장보다는 간단한 문장, 문장보다는 포인트가 되는 단어 하나를 제시하는 것이 좋습니다.

다음으로는 정량적 목표를 제시할 차례입니다. 숫자에 익숙하지 않은 분들은 정성적 목표만 제시하고 끝내는 실수를 많이 합니다. 하지만 절대 그러면 안 됩니다. 반드시 숫자가 포함된 정량적 목표를 함께 제시해야 합니다. 가령 세일즈를 몇 % 증가시킨다거나, 브랜드 인지도를 몇 % 증가시킨다는 등의 숫자를 함께 제시하는 것이죠.

수치가 없는 목표는 구체적으로 느껴지지 않습니다. 그리고 구체적이지 않으면 아마추어처럼 보이기 십상입니다. 그러니 정성적 목표와 정량적 목표 모두 놓치지 않아야 합니다.

그다음에는 제시한 목표를 달성하기 위한 플랜들, 즉 구체적인 문제 해결방법을 제시하면 됩니다.

6. 3.5단계: 한 장으로 정리하는 매니페스토

마지막 단계를 설명하기 전에 차별화된 기획서를 만드는 정말 중요한 내용을 하나 소개하겠습니다.

사내 제안서도 마찬가지지만 특히 사외 제안서일 경우, 목표를 제시한 다음 곧바로 '해결 방법 1', '해결 방법 2', '해결 방법 3'을 딱딱하게 나열하는 것은 좋지 않습니다. 그보다는 문제를 해결하기 위해 준비한 아이디어를 '한 장'으로 미리 보여주는 것이 중요합니다. 이 한 장의 기획서를 바로 '매니페스토manifesto'라고 부릅니다.

매니페스토 페이지를 만들 때는 다음 3가지를 기억하시기 바랍니다. 첫째, 매니페스토 페이지에는 아이디어의 방향성, 철학, 분위기, 의지, 결과 등, 당신의 제안서를 관통하는 모든 내용이 종합적으로 담겨야 합니다. 둘째, 매니페스토 페이지는 이성적인 언어보다는 감성적인 언어로 풀어가야 합니다. 이 제안서에 담긴 모든 내용을 1분짜리 광고로 만든다고 생각하면 이해하기 쉬울 겁니다. 셋째, 매니페스토 페이지에는 '글'만 들어가서는 안됩니다. 진짜 광고처럼 동영상, 음악, 내레이션 등을 활용해야 합니다. 다음은 한옥마을 매니페스토 페이지에 들어간 글입니다.

반복적으로 사용한 '미치다'라는 키워드는 한옥마을의 '전통'과 '현재'를 이어주는 키워드입니다. 오래된 것과 새로운 것이 만나기 위해서는 '미치다'라는 말에 함의된 철학이 필요하다고 판단한 것이죠. 그래서 매니페스토의 초반부를 '미치다'라는 키워드를 반복하는 구조로 설계했습니다. 그다음 등장하는 흥부가, 아리

"미치다"
이것은 살아 있는 철학이자
우리 민족만이 가지고 있는 정신

"미치다"
이것은 인간을 숙주 삼아 새로움을
만들어내는 바이러스

"미치다"
이것은 인간의 욕심, 집념, 괴로움,
쾌락, 광기 같은 감정들이
살기 좋은 가장 좋은 서식지

소리를 향한 광기 어린 집념이
만들어낸 대한 민족의 절규
-흥부가-

전 세계 韓민족을 하나로 묶고
소통하기 위해 심금을 미치도록
울리는 선율을 만들어낸 민족
-아리랑-

수천만 개의 글자를 새기면서
하나의 잘못된 글자가 없고,
하나같이 새김이 고르게 디자인 된 미친 집념
-팔만대장경-

기록과 측량에 미쳐
일생을 지도와 지리서를
만드는 일에 미쳐 지낸
-김정호의 대동여지도-

이처럼 시대를 뛰어넘거나
시대를 압도했던 사람들의 정신

그리고 그들의 이야기와
정신이 다시 살아나는 공간

지금 이곳에서 가장 오래된 것과
가장 새로운 것이 만나다

지금 이곳, 전주 한옥마을에서

랑, 팔만대장경, 대동여지도는 '전통'이 현대에도 유의미하기 위해서는 '미친 집념'이 필요하다는 걸 설명하기 위해 끌어온 예시입니다. 즉 우리가 지금부터 리뉴얼할 한옥마을도 이런 '미친 집념'을 가져야 한다는 걸 강조할 목적이죠. 앞으로 소개할 문제 해결 아이디어들이 어떤 철학과 배경에서 나오게 됐는지 그 이유를 설명하는 부분입니다.

이런 매니페스토 페이지를 넣을 것이냐 말 것이냐는 당신 개인의 선택입니다. 하지만 제가 수차례 경험한 바에 따르면 매니페스토 페이지를 넣었을 때의 효과가 2배 이상 높았습니다.

기획서는 '내로 다운Narrow down' 형식으로 써 내려가는 것이 좋습니다. '내로 다운'이란 큰 것에서 작은 것으로 좁혀가는 방식을 말합니다. 즉 큰 틀을 소개한 뒤 세부사항을 설명해나가는 것이죠. 이것은 제안서의 기본이기 때문에 반드시 지켜야 합니다. 매니페스토 페이지는 '내로 다운' 구조에서 큰 카테고리의 역할을 해줄 뿐 아니라, 기획서에 일일이 녹이기 어려운 '아이디어의 철학'을 설명하는 데 매우 효과적입니다. 앞으로 제시할 아이디어의 배경을 설명하는 것이기도 하고요.

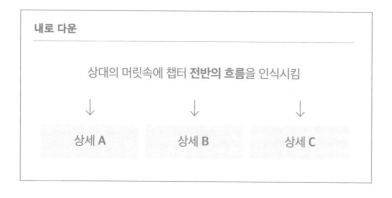

매니페스토 페이지에서 아이디어의 배경이 되는 철학적인 큰 그림을 이야기했다면, 다음은 구체적인 아이디어에 대한 큰 그림도 제시해야 합니다. 다만 이 단계에서 아이디어를 너무 구체적으로 말하면 나중에 임팩트가 떨어질 수 있기 때문에 대략적으로만 설명합니다. 다음 그림처럼 아이디어를 도식화하는 것도 좋습니다. 듣는 사람의 머릿속을 미리 정리해준다고 생각해보세요. 이런 방법 외에도 좋은 방법들이 떠오를 겁니다.

제안서를 쓸 때 이렇게까지 친절해야 하는 이유는, 급한 건 상대방이 아니라 제안을 하는 당신이기 때문입니다. 내 기획을 완벽히 이해시키기 위해서라면 수단과 방법을 가리지 않아야 합니다.

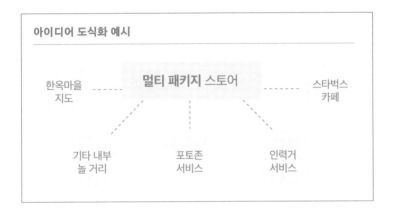

매니페스토 페이지는 PPT에 알맞은 음악과 동영상을 배경에 깔고 발표자가 직접 읽어도 좋습니다. 이 방식은 비용이 전혀 들지 않는다는 장점이 있죠. 하지만 저는 몇 년 전부터 아예 매니페스토용 동영상을 따로 제작해서 들어가는 경우가 더 많습니다. 제 입맛에 딱 맞는 매니페스토를 만들기 위해서요.

이제 매니페스토에 대해 어느 정도 감을 잡았을 것이라 생각합니다. 다시 한 번 강조하지만, 본격적으로 내가 가진 아이디어를 풀어놓기 전에 1분 정도 길이의 동영상을 활용해서 분위기를 몰아오는 것은 생각보다 중요합니다.

또 한 가지, PPT를 배울 때는 PPT 디자인 기술보다 기본적인 영상편집 기술을 꼭 습득하세요. 컷 편집, 트랜지션, 자막 배치, 페이드인과 페이드아웃, 음악 배치 정도만 할 수 있어도 괜찮은 수준의 매니페스토 영상은 누구나 만들 수 있습니다. 이 작은 기술이 당신의 기획서를 특별하게 만들어줄 것입니다.

7. 4단계: 결론과 구체적인 추가 메시지를 전달하라

어떤 해결 방법을 제시할지 큰 그림을 설명했으니 이제는 구체적인 아이디어(해결 방법)를 제안할 차례입니다. 구체적인 아이디어는 사례를 곁들여 설명하면 좋습니다. 적절한 사례는 설득력을 높이기 때문입니다. 예를 들어 당신이 '한옥마을 공간 재구성'을 위해 '스타벅스 입점'이라는 아이디어를 제안한다고 합시다. 그럼 이때 스타벅스 입점으로 주변 상권을 살린 성공적인 사례들을 보여주면 좋습니다. 저 같은 경우는 일본의 다케오 시립 도서관과 니넨자카 사례를 보여주었습니다. 다음은 제가 발표한 내용입니다.

"다케오 시립 도서관은 시 전체 인구가 불과 5만 명에 불과한 소도시였습니다. 그런데 현재는 1년에 무려 100만 명이 방문하는 관광지로 변모하게 되었죠. 이것은 정말 대단한 숫자입니다. 2013년 4월에 리뉴얼한 이 공간은 13개월 만에 방문객 수 100만 명을 돌파했고, 그 수치를 꾸준히 유지하고 있어 놀라움을 자아냅니다. 일본의 관광지 중 연간 100만 명 이상이 방문하는 도시는 단 세 곳에 불과하다고 합니다.

이 도서관의 리뉴얼 포인트는 크게 2가지였습니다. 먼저 현대를 살아가는 사람의 방식에 전통을 맞췄다는 것입니다. 일본은 그간 십진법 도서 분류 방식을 쓰고 있었는데, 이것을 현실 생활과 밀착한 22종 분류법으로 변경했습니다.

다른 한 가지는 도서관 내에 스타벅스를 입점시켰다는 것입니다. 이 작은 변화 하나로 도서관은 순식간에 북카페의 성격을 띠게 됐고, 일본 최고의 관광명소가 되는 데 큰 기여를 했다는 평가를 받고 있습니다.

그럼 우리 한옥마을에 스타벅스가 입점하면 어떻게 될까요? 입점한다면 어떤 형태가 좋을까요? 우리에게 한옥마을이 있다면, 일본의 교토에는 '니넨자카'라는 곳이 있습니다. 이곳에는 전 세계가 주목하는 '스타벅스 콘셉트 스토어'가 있습니다. 니넨자카는 이 스타벅스 콘셉트 스토어 덕분에 교토를 소개하는 블로그나 SNS에 거의 빠지지 않고 등장할 정도입니다.

니넨자카 스타벅스

사진 자료와 같이 100년 된 가옥을 스타벅스로 개조해서 2017년 6월에 오픈했습니다. 입구에는 스타벅스의 상징인 세이렌이 그려진 포렴(布簾)이 있고요. 전통식으로 신발을 벗고 들어가 다다미에 앉아 커피를 마실 수도 있습니다. 일본 전통식 스타벅스 매장은 흔한 전통거리였던 '니넨자카'를 전 세계가 주목하는 거리로 바꿔놓았습니다. '가장 오래된 것'이 '가장 새로운 것'을 만나게 되면 이처럼 큰 2차 임팩트가 일어납니다. 지금 저는 단순히 스타벅스를 입점하면 된다고 제안하는 것이 아닙니다. 우리의 스타벅스는 반드시 한옥마을에 어울리는 스타벅스여야 합니다. 한옥마을점에서만 판매되는 특별한 메뉴가 있어

돈 되는 기획

야 하며 한옥마을점에서만 판매되는 특별한 굿즈가 있어야 합니다. 그리고 한옥의 장점을 최대한 살린 인테리어와 아웃테리어가 반드시 필요합니다."

이외에도 저는 관상을 봐주는 곳, 전통 방식으로 초상화를 그려주는 이벤트, 옥살이 체험, 곤장 체험, 한옥 유튜브 스튜디오 같은 세부적인 아이디어들을 제안했고, 스타벅스 한옥마을점 아이디어를 설명했을 때처럼 각 제안을 구체적으로 풀어나갔습니다.

저는 일본 사례를 많이 제시하는 편입니다. 제가 일본에서 오랜 기간 회사를 운영하고 살아본 경험이 있기 때문입니다. 다른 나라의 사례를 말하는 것보다 이해도가 높고 구체적이라 제 발언에 신뢰도가 높아지죠. 당신도 당신만의 경험치가 있을 겁니다. 여러분이 미국을 잘 안다면 그쪽 사례를 많이 이용하고, 유럽을 잘 안다면 유럽 쪽 사례를 많이 활용하세요. 분명 당신 말에 대한 신뢰도가 높아질 겁니다.

이후 결론 부분에서 아이디어들의 실행 가능성Feasibility을 체크해 표로 보여주면서 매출 수치까지 예측합니다. 그러면 당신의 제안서는 완벽에 가까워질 것입니다.

지금까지 설명한 제안서의 구조는 사외 PPT의 필승전략입니다. 사내 PPT는 또 조금 다릅니다. 다음에는 사내 PPT 전략에 대해서 설명하겠습니다.

8. 사내 PPT 구조는 좀 다르다

이전 챕터에서 살펴본 한옥마을 제안서는 사내 PPT가 아니라 '사외' PPT입니다. 사내용과 사외용 PPT는 굉장히 큰 차이점이 있습니다.

사외 PPT는 사내 PPT와 달리 우리의 제안을 들어야 할 의무가 전혀 없는 사람들을 대상으로 합니다. 그렇기 때문에 '논리와 이성'보다는 최대한 '마음'을 움직이는 데 집중하여 '공감'을 얻으려 했고, '관심'을 가질 만한 요소들을 많이 집어넣었습니다. 그래야만 상대방이 흥미를 가지고 우리 발표를 듣고 긍정적인 결론까지 내리기 때문입니다.

하지만 사내 PPT는 조금 다릅니다. 이것은 상대가 우리를 평가하는 자리가 아니고, 우리 이야기를 귀담아 들어야 하는 의무가 있는 자리이므로 감정 요소를 넣는 것은 적절하지 않습니다. 감정을 최대한 덜어내고 이성과 논리를 최우선으로 삼아 기획서를 써야 합니다. 사내 PPT를 만들 때는 다음 4가지 원칙을 잘 지켜야 합니다.

첫째, 쓸데없는 요소들은 모두 덜어내고 중요하고 필요한 정보로만 논리적으로 구성해야 합니다. 둘째, 글자만 가득한 페이지는 어떤 경우에도 만들면 안 됩니다. 글자가 많을 수밖에 없다면 화면에 띄우는 PPT보다는 워드로 완성하는 게 오히려 더 효과적입니다. 셋째, 디자인보다는 정렬과 정리에 더 신경을 써야 합니다. 사내 PPT는 각 회사에서 쓰는 폰트나 템플릿이 있는 경우가 많습니다. 디자인 요소에서 끼를 부릴 수 있는 페이지가 별로 없다는 말이죠. 따라서 줄맞춤이나 문서 정렬을 잘 해야 성의를 보여줄 수 있습니다. 넷째, 장표 한 장을 이해하는 데 10초 이상 걸리면 안 됩니다. 10초 이상이 걸린다면 그 페이지는 어딘가 잘못된 것이 분명합니다.

이 4가지 원칙을 염두에 두고 사내 PPT를 만든다면 분명 긍정적인 반응을 얻을 수 있을 것입니다.

9. '결론'은 언제 말하는 게 좋을까?

PPT에는 결론을 처음에 말하는 방식과 맨 뒤에 말하는 방식이 있습니다. 어느 것이 맞고 틀리다는 문제는 아니고, 경우에 맞는 방식을 사용하면 됩니다. 사내 PPT라면 결론부터 말하는 방식을 주로 사용해야 하고, 반대로 사외 PPT는 결론을 맨 나중에 말하는 방식을 활용하면 효과적입니다. 이전 챕터에서 제시한 한옥마을 리뉴얼 제안은 사외 PPT였기 때문에 결론을 맨 나중에 말하는 방식을 사용했죠.

결론을 처음에 말하는 사내 PPT 방식의 가장 큰 장점은 '효율성'입니다. 결론부터 말하기 때문에 최단 시간 안에 상대방에게 필요한 것만 전달할 수 있습니다. 경우에 따라 뒷부분은 생략할 수도 있고요. 시간을 아낄 수 있다는 뜻입니다. 이렇게 결론부터 말하는 PPT 구조를 프렙PREP이라고 합니다. Point(결론), Reason(이유), Example(예시), Point(결론 요약)의 머리글자를 딴 '프렙'은 글로벌 컨설팅 회사에서도 많이 사용하는 방법입니다. 결론을 먼저 말하고, 왜 그런 결론을 도출하게 됐는지 이유를 설명한 뒤, 구체적인 예시를 들고, 다시 결론을 재확인하는 방식입니다.

이 방식의 장점은 말하고자 하는 것을 논리적으로 최단 시간에 말할 수 있다는 겁니다. 프렙은 '설득을 위한 PPT'를 제외하고 거의 모든 비즈니스 커뮤니케이션에서 통하는 방식입니다. 비즈니스의 기본 원칙은 '결론부터 말하기'거든요. 즉 당신이 전화, 메일, 대화, 보고 등을 할 때 프렙을 활용하면 일이 더 명확하고 간결해집니다. 상대방도 이런 방식으로 일하는 사람을 선호하고요.

결론을 맨 나중에 이야기하는 방식으로 대화를 하면 자칫 감정적인 사람이라는 오해를 받기 쉽고, 빙빙 돌려 말하는 답답한 사람이라는 인상을 심어줄 수 있습니다.

프렙 구조의 예시

P	결론	이 책은 기획을 하는 데 꼭 필요한 도구만을 여러분께 제공하기 위해 만들어졌습니다.
R	이유	기존 책들은 실무 현장을 반영하지 않은 경우가 많았습니다. 하여 여러분이 정작 중요한 것을 놓치고, 필요하지 않은 것까지 배워서 시간과 에너지를 낭비할 필요가 없다고 생각했습니다.
E	예시	예를 들면 모핑 기술이 PPT의 꽃이라고 하지만 실무의 프로들은 아무도 그 기술을 쓰지 않습니다. 온갖 도형 만드는 법이나 애니메이션을 적용하는 방법들도 마찬가지입니다.
P	결론	그런 이유로 기획에 꼭 필요한 도구만을 설명하는 진짜 책을 준비했습니다.

---

10. 아무리 강조해도 모자란, 원 슬라이드 원 메시지

글자로 도배된 PPT를 볼 때마다 저는 제작자에게 그 이유를 정중하게 묻습니다. 대부분이 '두려움' 때문이었습니다. PPT를 그렇게 글자로 꽉꽉 채우면 가독성이 엄청 떨어진다는 걸 잘 알고 있지만, 내용보다 꾸미기에 치중했다고 상사한테 싫은 소리를 들을 것 같다거나 멋 부리는 것 같아서 민망하다는 이유를 대곤 했습니다.

그러나 PPT 한 장에는 전달하고 싶은 메시지를 하나만 넣는 '원 슬라이드 원 메시지'를 고수해야 합니다. 만약 PPT 한 장에 글자를 꽉 채우지 않았다고 혼내는 상사가 있다면, 그건 그 상사가 잘못된 것입니다. 내용보다 꾸미기에 치중했다는 소리를 들을까 봐 겁이 난다면, 내용을 더 탄탄하게 다듬고 논리적으로 축약하세요. 사내 PPT든 사외 PPT든 발표용 문서에서는 공통적으로 원 슬라이드 원 메시지 원칙을 적용하는 것이 중요합니다.

한 페이지에 그래프를 서너 개씩 집어넣고, 하고 싶은 말을 다 써놓으면 그게 PPT일까요? 부록 페이지나 보고서라면 가능할 수도 있지만, 발표를 해야 하는 PPT에서만큼은 이 방식을 피해야 합니다. 구글, 페이스북, 삼성, 애플 같은 기업에서 하는 PPT 역시 원 슬라이드 원 메시지 원칙을 벗어나지 않습니다.

원 슬라이드 원 메시지의 기준은 한 장에 근거가 되는 내용 하나, 근거를 뒷받침하는 그래프나 표 하나, 그리고 이에 대한 당신의 의견 및 주장이 들어가는 정도입니다. 만약 전달하고 싶은 내용이 더 있다면 글자 수를 늘릴 게 아니라 페이지를 한 장 더 늘려야 합니다.

사진이나 동영상을 넣어야 할 때도 마찬가지입니다. 슬라이드 한 장에 사진을 서너 장씩 담지 말고, 페이지를 과감하게 분리하여 화면 전체를 사용해야 합니다. 잘 쓴 사진 한 장은 문장 10줄보다 설득력이 높고, 매니페스토 같은 동영상 한 편은 100장의 사진보다 힘이 셉니다. 그렇기 때문에 사진이나 동영상을 슬라이드의 요소로 넣으려 하지 마십시오. 사진과 동영상은 PPT에서 매우 중요한 디자인 요소이기 때문에 뒤에서 다시 자세히 다루도록 하겠습니다.

원 슬라이드 원 메시지를 지켜야 하는 이유는 크게 2가지로 정리할 수 있습니다. 첫째, 발표 당사자는 물론 듣는 사람의 부담감과 피로감을 덜어줍니다. 글자나 요소로 꽉 찬 슬라이드를 띄워놓으면, 그것을 보는 모든 사람이 부담감과 피로감을 느끼게 됩니다. 집중도 안 됩니다. 반면 원 메시지라면 이해해야 하는 정보가 하나밖에 없기 때문에 쉽게 받아들일 수 있습니다. 내용이 쉬워야 집중력도 높아집니다. 둘째, '수정'하기가 쉽습니다. 간과하기 쉽지만 정말 중요한 이유입니다. 중요한 부분들은 발표 직전까지 슬라이드를 여러 차례 수정하는 경우가 많습니다. 이때 문서가 원 슬라이드 원 메시지로 구성되어 있으면 얼마든지 쉽게 순서를 바꿀 수 있고, 필요 없는 내용들을 삭제하더라도 PPT의 전체적인 '결'에 흠집을 내지 않습니다.

제4강

·

실무에서 쓰는
진짜 PPT 디자인

저는 현장에서 기획서를 30만 장 넘게 만들어본 경험이 있습니다. 그래서 지금 우리나라의 PPT 시장이 굉장히 많이 오염되어 있다고 확실히 말할 수 있습니다. PPT 디자인 기술을 가르쳐준다는 강의를 몇십만 원에 팔고, PPT 템플릿을 몇만 원씩 받고 있죠. 하지만 제 주변에 기획서, 제안서, PPT를 잘 만드는 많은 사람들 가운데 PPT 디자인 기술 강의를 들었다거나 템플릿을 사서 써봤다는 사람은 단 한 명도 못 봤습니다.

남이 만든 템플릿을 쓰다 보면 그 템플릿에 내용을 맞추는 대참사가 일어납니다. 절대로 옳은 방향이 아닙니다. 사실 PPT 디자인은 별것 아닙니다. 요즘은 PPT가 마치 디자인 프로그램인 것처럼 인식되고 있는데, PPT는 디자인 프로그램이 아니라 단순한 '플랫폼'입니다. 그렇기 때문에 플랫폼에 글, 동영상, 사진을 올리고, 제안하려는 내용에 맞게 페이지를 구조화하면 됩니다. PPT는 준비한 내용을 발표할 수 있게 도와주는 보조도구일 뿐입니다.

물론 PPT 기본 기능은 알고 있어야 합니다. 하지만 굉장히 간단합니다. 그러니까 간단하게 배울 수 있는 것을 시간과 돈을 써서 복잡하게 배우려 하지 마세요. 그 시간을 아껴 차라리 파이널 컷 같은 또 다른 스킬을 배우는 편이 낫습니다.

이제부터 진짜 프로들이 실무에서 쓰는 PPT 디자인을 깔끔하게 설명하겠습니다. 이것만 알아도 그 누구보다 PPT를 잘 만들 수 있습니다. 오히려 PPT에 있는 기능에 지나치게 매몰돼 있지 않아야 더 보기 좋은 PPT를 만들 수 있습니다.

1. PPT를 열자마자 사이즈부터 정하라

PPT를 열자마자 해야 할 일은 사이즈 확정입니다. 발표할 환경에 따라 PPT 사이즈를 16:9 비율, 4:3 비율, 아니면 A4 사이즈 등으로 먼저 정해놔야 합니다. 처음에 16:9 비율로 PPT를 만들었다가 나중에 4:3으로 바꾸려면 이미지나 구도가 어그러져, 처음부터 하나하나 다 맞춰야 하기 때문입니다. 그러려면 굉장히 많은 시간이 소요됩니다. 옷을 입어보거나 신발을 신어보기 전에 사이즈부터 확인하는 것이 기본이듯 PPT도 마찬가지입니다.

2. 표지에 동영상을 넣어라

앞에서 잠깐 설명했듯 '표지'에 동영상을 넣는 것은 필승전략입니다.

무엇보다 PPT 한 장 한 장이 당신을 어필할 수 있는 기회입니다. 그러니까 한 장이라도 쓸데없이 흘려보내지 말고 장치를 극대화해야 합니다. 그 시작에 바로 표지에 동영상을 삽입하는 방법이 있습니다. 어떤 동영상을 넣으라고 정확히 꼬집어 말하기는 힘듭니다. 그것은 PT의 대상과 프로젝트에 따라 달라지니까요. 만약 명확히 주제를 특정할 수 없다면 당신의 회사나 개인의 포트폴리오를 빠른 편집감으로 영상화시켜 음악과 함께 띄워놓는 것도 괜찮습니다.

3. 검은 배경에 흰 글씨 넣는다고
다 스티브 잡스는 아니다

"PPT는 검은 배경에 흰 글씨만 넣으면 되는 거 아냐?"라고 말하는 사람들이 많습니다. 반은 틀리고 반은 맞습니다. PT 경험이 있는 분들은 알겠지만, 검은 배경에 흰색 글씨를 넣는다고 해서 무조건 그 PPT가 세련되고 고급스러워 보이지는 않아요.

왜 그럴까요? 폰트, 구도 등 여러 가지 문제가 있겠죠. 하지만 가장 큰 문제는 컬러입니다. 100% 블랙, 100% 화이트는 굉장히 과감한 컬러이기 때문에, 디자인 경험이 많지 않은 사람이 쓰면 자칫 촌스러워질 수 있습니다.

첫째, 블랙&화이트 값의 조절입니다. 블랙&화이트는 극대비 컬러이기 때문에 굉장히 과감한 컬러예요. 디자인을 전문적으로 배우지 않았다면 특히 블랙&화이트로 고급감을 주기는 쉽지 않습니다. 그러니까 글자를 100% 화이트로 설정하지 말고,

RGB 컬러 기준 239, 238, 230으로 맞추면 좋습니다. 물론 이것을 기준으로 좀 더 밝게 혹은 좀 더 어둡게 해도 무방합니다. 각자의 취향에 따라 조금씩 조정해서 쓰면 훨씬 세련된 느낌을 줄 수 있죠.

블랙&화이트를 꼭 써야 할 경우 한 가지 좋은 팁은, 서브텍스트 부분을 회색값으로 설정해주는 것입니다. 블랙과 화이트 사이 '그레이'라는 존재가 끼면 상당히 높은 안정감을 줄 수 있습니다. 회색 글씨의 값은 RGB 순서대로 151, 152, 158가 적당합니다.

컬러 조합 예시

블랙 배경　　　화이트 100%는 피할 것　　　안정감을 위해 회색 사용

돈 되는 기획

4. 컬러를 훔쳐라!

전문 디자이너라면 모르지만, 저를 비롯한 대부분의 사람들은 컬러를 전문적으로 배우지 않았을 것입니다. 그렇지만 컬러 사용의 중요성은 대부분 잘 알고 있죠. 색 배치, 조합만 잘해도 괜찮은 PPT를 만들 수 있다는 사실을 말입니다. 그런데 이게 생각보다 어렵습니다. PPT를 한두 번만 만들어봐도 알 수 있어요. 컬러감을 타고난 사람이 아니라면, 배우지 않고서는 시기적절하게 컬러를 사용하는 것이 어려운 일이라는 것을요.

그래서 저는 '컬러 훔치기'라는 방법을 제안합니다. 컬러에는 저작권이 없어요. 얼마든지 훔쳐와도 됩니다. 저는 '비핸스^{behance.net}'라는 사이트를 자주 참고합니다. 이 사이트에는 여러 디자이너들의 훌륭한 포트폴리오가 올라옵니다. 여기서 당신의 프로젝트와 어울리는 컬러를 캡쳐해 PPT에 불러오세요. 그런 다음 스포이트 기능을 활용해 원하는 컬러 부분을 찍어 쓰면 됩니다.

비핸스뿐 아니라 길거리를 돌아다니다 예쁜 컬러 조합이 있으면 사진을 찍어놓는 것도 좋은 방법입니다. 이 사진들을 차곡차곡 모아놓고, 필요할 때마다 라이브러리에서 꺼내 쓰면 됩니다. 앞에서도 여러 번 강조했듯이 '평소의 시간'이 모여 당신의 기획서가 만들어집니다.

컬러 사용에 자신감이 없다면 이렇게 예쁜 컬러를 직접 찍거나 캡처해서 스포이트로 훔쳐오는 방법을 활용하세요. 적어도 기획서를 만들 때 컬러 때문에 고민할 일은 사라질 것입니다.

추가로, 메시지를 강조하기 위해 컬러를 사용할 때 조심해야 할 점이 있습니다. 메시지를 강조할 때 대부분이 '레드 계열'의 컬러를 씁니다. 레드 컬러는 눈에는 금방 띄지만 '경고'의 느낌을 주죠. '위험', '주의' 같은 느낌이에요. 경고하고 싶은 메시지라면 레드 계열을 써도 괜찮지만, 강조할 생각이라면 레드 사용은 피하는 것이 좋습니다. 긍정적인 느낌을 주지는 않거든요.

차라리 강조하고 싶은 부분은 '블루 계열' 컬러를 사용하세요. 이때도 PPT에 있는 블루컬러를 사용하지 말고, 비핸스 같은 사이트를 이용해 더 적절한 컬러를 찾으면 좋습니다. 'blue'라고만 검색해도 예쁜 블루 컬러들이 정말 많이 나옵니다. 그 컬러들을 캡처하거나 스포이트로 찍어 쓰세요. 별것 아닌 것 같지만, 이 작은 디테일이 전체 분위기를 좌우하기도 합니다.

5. PPT는 플랫폼,
반드시 미디어를 넣어라

다시 한번 말하지만 PPT는 디자인 프로그램이 아닙니다! PPT

는 '플랫폼'입니다. 간혹 PPT 제작에 많은 시간을 쏟아붓는 데도 결과물이 좋지 않은 사람들이 있습니다. 이런 사람들은 의외로 PPT에 있는 온갖 기능들을 숙지하고 있죠. 아이러니하게도 PPT 기능은 많이 알면 알수록 디자인이 산으로 갑니다. PPT의 기능을 많이 쓰면 쓸수록 디자인이 복잡해지고 의도가 희미해지는 경우가 많기 때문이죠.

이는 PPT가 태생적으로 디자인 프로그램이 아니기 때문에 벌어지는 일입니다. 디자인에 욕심이 있다면 차라리 '포토샵'이나 '일러스트'를 배워서 활용하는 편이 낫습니다. PPT는 '플랫폼'이기 때문에 그 위에 무엇을 올리느냐가 승부를 가릅니다. 예쁘게 만들기보다 적재적소에 맞는 사진과 동영상을 올려서 한 편의 이야기를 만드는 것이 중요합니다. 10줄의 글보다 강력한 한 장의 사진, 100장의 사진보다 강력한 한 편의 동영상을 이용해서요. PPT를 플랫폼으로 인식하고 잘 활용하는 사람이야말로 양질의 '내용'을 기획하는 것이 가능해집니다.

저작권 문제가 없는 동영상과 사진을 무료로 다운로드 받고 싶다면, 픽사베이Pixabay나 언스플래시Unsplash 혹은 펙셀즈Pexels 같은 사이트를 적극 활용하면 됩니다. 물론 유료 사이트를 이용하는 것도 좋은 방법입니다. 유료 사이트는 내가 상상하는 것에 좀 더 가까운 영상과 이미지를 얻을 수 있다는 장점이 있죠. 자료의 양 자체도 당연히 더 많고요. 그뿐 아니라 음악 등의 자료까지 함께 사용 가능한 곳도 있습니다. 어떤 사이트를 사용할 것인지는 직접 살펴보고 상황에 맞게 선택하세요. 저는 돈이 오가는 비즈니스를 하고 있기 때문에 퀄리티를 최우선으로 생각해 폰트나 스탁에는 돈을 아끼지 않습니다. 이런 요소를 잘 썼을 때 클라이언트의 만족도가 말도 안 되게 높기 때문이죠.

동영상이나 사진은 무조건 최고화질을 사용하세요. 화질이 떨어지는 사진을 쓰느니 안 쓰는 게 낫습니다. 이미지 크기를 조정할 때도 정비율대로만 조정하고, 가로나 세로 어느 한쪽으로만 늘리면 안 됩니다.

6. 좋은 배치의 원칙

PPT에서 많은 사람들이 가장 어려움을 느끼는 부분이 아마 '배치'일 겁니다. 이와 관련해 3가지로 간단하게 정리하겠습니다.

첫째, 페이지에 키카피 하나만 들어가는 경우

이때는 정중앙 배치가 자연스럽습니다. 단, 정중앙 배치를 하되 위쪽으로 살짝 올려서 키카피를 배치합니다. 조금만 올려도 표

시가 많이 나기 때문에 살짝만 올려야 합니다. 그렇게 배치하면 보는 사람의 시선에 키카피가 자연스럽게 걸립니다.

키카피 위치

키카피 ← 정중앙보다 살짝 위

둘째, 키카피와 내용, 서브카피가 함께 있는 경우

보통 이때도 키카피나 서브카피, 내용을 모두 가운데 정렬하는 경우가 많은데, 그렇게 하면 세련미가 떨어집니다. 더불어 세련미도 세련미지만, 대부분 인간의 시선은 위에서부터 Z자를 그리며 움직입니다. 그래서 키메시지를 좌상단에 넣는 것이 과학적으로도 메시지 전달에 효과적입니다.

셋째, 그림이나 그래프, 텍스트가 함께 들어가는 경우

이때 가능하면 그림은 왼쪽에, 텍스트는 오른쪽에 넣습니다. 왼쪽 눈으로 인식한 것은 우뇌에서 처리하는데, 우뇌는 이미지, 직감, 창조성, 아이디어를 담당합니다. 반대로 오른쪽 눈으로 인식한

그림이나 그래프가 들어가는 경우

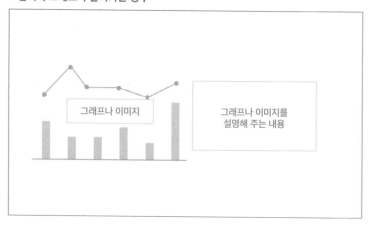

돈 되는 기획

것은 좌뇌에서 처리하는데, 좌뇌는 언어, 논리, 계산, 표현력을 담당합니다. 따라서 이미지는 가능한 한 왼쪽에, 글이나 메시지는 오른쪽에 배치하는 것이 더 효과가 좋습니다.

배치는 좋은 편집 디자인이나 홈페이지 디자인을 많이 보다 보면 저절로 공부가 됩니다. 따로 공부할 시간이 없다면, 앞에서 제시한 '약간 상단에 배치', 'Z자 배치', '이미지는 왼쪽, 글은 오른쪽에 배치' 이 3가지만 지켜도 사람들에게 칭찬받는 PPT를 만들 수 있습니다.

7. 템플릿은 절대 사용하지 마라

지금 당신의 하드에 PPT 템플릿이 있다면 과감하게 휴지통에 버리세요. 장담하건대 PPT 템플릿은 여러분의 성장을 방해합니다. 템플릿은 스스로 만들어야 합니다. 그래야 내 PPT에 맞게 구성하기에도 자연스럽고, 주변에 먹히는 디자인 요소들이 무엇인지도 하나하나 알아갈 수 있습니다. 컴퓨터에 '템플릿'이라는 폴더를 하나 만들어서 직접 만든 디자인 요소들을 차곡차곡 저장해놓으세요. 그리고 필요할 때마다 꺼내 쓰세요. 분명 좋은 자산이 될 겁니다.

이런 자료들이 쌓이면 쌓일수록 PPT 디자인에 쏟는 시간은 눈에 띄게 점점 줄어들 겁니다. 예를 들어 저는 한 강의에 100~200장 정도의 PPT를 만드는데, 보통 하루면 완성이 가능합니다. 어떻게 이런 일이 가능할까요? 제 라이브러리에 그동안 써온 도형이나 구도가 다 저장돼 있기 때문이에요. 그 분량이 무려 수백 페이지에 달합니다. 하지만 아무리 분량이 많아도 제가 직접 만들었기 때문에 어떤 상황에서 어떻게 꺼내 써야 하는지 제 안에 로직이 서 있죠. 그래서 어느 상황에서건 적절한 것을 꺼내 쓸 수 있습니다. 남이 만들어놓은 것으로는 불가능한 일인 동시에, 절대 해서는 안 되는 일이기도 합니다. 이 책을 계기로 시중에 나와 있는 템플릿을 쓰지 않게 됐다면, 당신은 이미 다른 사람보다 몇 발 앞서가는 것입니다.

8. 좋아 보이는 PPT의 비밀

좋은 PPT들을 하나하나 뜯어보면 굉장히 절제되어 있음을 느낄 수 있습니다. 신기한 사실은 휘황찬란한 PPT일수록 좋은 평가를 받지 못한다는 겁니다. 좋은 PPT는 PPT가 발표의 보조도구라는 것이 명확히 드러납니다. PPT의 역할을 정확하게 파악하고 있는 거죠. PPT의 주인공은 PPT 자체가 아니라 내용이거든요. 그런데 보조도구인 PPT가 내용을 침범하면서까지 튀려고 하면, 그 순간 균형이 무너지고 맙니다. 앞에서 언급했듯이 이런 이유 때문에 PPT에 있는 기능을 많이 쓰면 쓸수록 기획서의 질이 떨어지는 것입니다.

절제된 좋은 PPT를 만들기 위해서는 우선 다음 2가지를 기본으로 합니다. 첫째, 좋은 기획서의 메인 컬러는 대개 3종류를 넘어가지 않습니다. 그 3가지마저도 같은 분위기의 컬러를 사용하는 경우가 많습니다. 둘째, 폰트도 3종류를 잘 넘어가지 않아요. 특정 컬러나 폰트가 좋다고 콕 집어 지정할 수는 없지만, 이 '3'이라는 숫자는 꼭 기억하십시오. 어떤 유혹이 오더라도 '메인 컬러와 폰트'는 지금 만들고 있는 기획서에 어울리는 것으로 3개까지만 골라서 끝까지 밀어붙이세요. 컬러를 고를 때는 '투 컬러 콤비네이션'이나 비핸스 사이트에 올라와 있는 작품을 참고하는 것을 추천합니다. 그리고 '컬러 훔치기 기술'을 활용하세요. 폰트를 고를 때 유의할 점은 유행이나 취향을 타는 폰트를 고르면 안 된다는 겁니다.

메인 폰트는 취향이나 유행을 타지 않는 것으로 최대 3개까지 골라서 적재적소에 사용하세요. 텍스트 양이 많은 '설명 부분'에서는 고딕계열을 강력하게 추천합니다. 실패할 확률이 적은 조합입니다. 텍스트가 적을수록 몰려 있을수록 핵심은 가독성인데, 고딕계열을 쓰지 않으면 가독성이 확 떨어지게 됩니다.

9. 폰트는 디자인의 칼이다

PPT를 잘 만드는 사람과 그렇지 않은 사람을 가르는 또 다른 중요한 기준이 바로 '폰트'입니다. 회사에서 사용해야 하는 폰트가 정해져 있는 경우를 제외하면 폰트는 정말 신중하게 선택해야 하는 요소입니다. 이제부터 폰트를 선택하는 상세한 가이드를 제시하겠습니다. 이 4가지 부분을 염두에 두고 폰트를 고르면 크게 실패할 일이 없습니다.

첫째, 폰트만큼은 개인의 취향을 버려야 합니다. 비즈니스에서 통용되는 폰트가 있고 그렇지 않은 폰트가 있기 때문입니다. 이 분야에서는 크게 '명조계열'과 '고딕계열'을 선호하는데요. 이 두 폰트에서 벗어나 글이 많은 본문에 캘리그래피체를 쓰거나 생소한 폰트를 쓰면 호불호도 많이 갈리고 가독성도 떨어집니다. 따라서 화려하고 의미 없는 디자인 폰트는 가급적 피해야 합니다.

둘째, '글자 간격'입니다. 글씨는 쫀쫀한 간격으로 덩어리감을 줘야 보기 좋습니다. 가독성이 살아 있는 범위까지 글자 간격을 줄여주세요. 작은 글씨는 '매우 좁게'로 설정하면 글자가 다 겹치는 일도 생기기 때문에 꼭 하나하나 꼼꼼히 살펴보고 조정해야 합니다. 큰 글씨는 '매우 좁게'로 설정해도 보통은 문제가 없습니다. 글자 전체 간격을 '매우 좁게'로 줄였다면, '띄어쓰기' 부분

돈 되는 기획

도 간격을 조정하세요. 띄어쓰기 부분을 선택해서 가독성을 해치지 않는 선까지 2~3포인트 정도 더 줄이면 그 쫀쫀함이 더 완벽해집니다.

글자의 간격 차이

간격 미조정

**전략의 실수는
전술로는 만회하기 어렵다.**

간격 조정

**전략의 실수는
전술로는 만회하기 어렵다.**

셋째, '두께'입니다. 저는 단축키(Ctrl+B)로 두께를 조절하지 않습니다. 즉 글자의 두께를 임의로 조절하지 않는다는 말입니다. 저는 HG꼬딕씨라는 폰트를 자주 사용하는데, 이 폰트만 해도 두께가 00에서 99까지 다양합니다. 내가 원하는 두께를 골라서 써야지, 단축키로 두께를 조절하면 폰트 디자이너가 의도치 않은 두께가 입혀질 수 있습니다. 자연히 글자 전체가 어색해질 수밖에 없겠죠. 다양한 두께를 제공하지 않는 폰트라면 애초에 사용하지 않는 것이 좋습니다.

넷째, '외국어'입니다. 한글 폰트는 국내 회사가 가장 잘 만드는 것처럼 영문 폰트는 영어권 회사가 가장 잘 만듭니다. 한글 폰트에서 제공되는 영어를 썼을 때 어색한 느낌이 드는 경험을 한 번쯤은 해봤을 겁니다. 그러니 그 나라 언어를 가장 잘 이해하고 있는 국가에서 만든 폰트를 사용하는 것이 좋습니다. 영어와 마찬가지로, 일본어를 써야 할 때는 일본 회사에서 만든 폰트를 사용하세요. 실제로 국내 폰트 개발사에서 영어 폰트는 없으면 안 되니까 만드는 것이지, 대부분의 시간을 한글 폰트 미세 조정에 쏟아붓습니다.

10. 도식화와 그래프

앞에서도 여러 번 강조했지만 PPT에서는 불필요한 수식어를 삭제하고 최대한 문장을 짧게 써야 합니다. 여기서 도식화와 그래프까지 활용하면 '말'을 원본의 거의 30% 수준으로 줄일 수 있습니다. 글자 수가 적다고 걱정할 필요는 없습니다. 글자가 적을수록 좋은 기획서이니까요.

그럼 도식화를 할 때 중요한 것은 무엇일까요? 기본적으로 어떤 도형을 사용해 도식화를 할지 생각해야 합니다. 어떤 도형을 사용할지는 제가 정해드리겠습니다. 이제부터 PPT에는 '원, 화살표, 사각형' 말고 다른 도형은 사용하지 마세요. 이 세 도형 외에 다른 것을 사용한다는 것은, 이미 PPT가 복잡해지고 있다는 소리입니다. 원, 화살표, 사각형을 어떻게 디자인해야 할지 고민이라고요? 그럴 때일수록 Back to basic, 기본으로 돌아가야 합니다.

제가 수많은 시도를 해봤습니다만, 결국 자주 쓰게 되는 것은 흰색 테두리만 남아 있는 베이직한 도형이었습니다. '색 채우기 없음'에 흰색 실선 두께 1mm짜리만 반복해서 써도 충분하다는 말입니다. 오히려 이렇게 써야 도형이 심플해지고 디자인 완성도가 높아집니다. 디자인은 복잡해질수록 손해입니다.

그래프에 대해서도 이런 저런 강의가 많은데요. 복잡하게 생각할 것 없이 신문 경제면에 나오는 그래프만 따라 해도 됩니다.

더 설명할 것도 없습니다. 신문의 경제면에 나오는 그래프는 논리적으로 완벽할 뿐 아니라 디자인적으로도 완벽합니다. 신문사나 잡지사의 그래프 디자이너들은 그래프나 도표 제작에서는 '국내 최고'라 해도 과언이 아닙니다. 하루에도 몇백 개씩 그래프가 쏟아지기 때문에, 자신의 상황에 맞는 그래프를 금방 찾을 수 있습니다. 그것을 모방하는 것부터 시작하세요. 신문의 그래프는 '숫자 넣는 법부터 디자인까지' 완벽한 교과서입니다.

지금까지 PPT를 만들 때 익혀야 할 기본 스킬을 알아보았습니다. 이 정도만 숙지하고 있어도 남들보다 월등히 예쁘고 효율적인 PPT를 충분히 만들어낼 수 있습니다.

제5강

·

PT에 대해

지금까지 기획서를 쓰는 방법, 사내용과 사외용 PPT를 구분해서 구조에 맞게 PPT를 완성하는 방법까지 설명했습니다. 당신은 최소한의 시간을 투입해 남들보다 훌륭한 PPT를 만들 수 있게 되었습니다. 이제부터는 '발표', 즉 'PT'에 대해 설명하겠습니다. PT만 잘해내면 계약서를 쓸 수 있고, 이후 팔로업만 잘해내면 머지않아 비용 청구를 위한 세금계산서를 끊을 날이 올 겁니다.

하지만 바로 이 PT가 문제입니다. 우리나라 사람들 대부분이 PT를 제일 어려워합니다. 때문에 PPT까지 잘 만들어놓고 PT에 가서 망쳐 버리는 사람도 많죠. 이런 일이 발생하는 이유는 여러 가지겠지만, 보통은 '긴장'이 원인인 경우가 많습니다. 사람들이 모두 나를 주목하는 가운데, 자신의 의견을 차근차근 전달해본 경험이 없기 때문이죠.

대부분의 발표자들은 이렇습니다. 사람들 앞에 자리를 잡고 섰지만 눈을 어디에 둘지 모릅니다. 그리고 잔뜩 경직된 자세로 이렇게 이야기를 시작하죠.

"안녕하십니까? 지금부터 반도체 섹터 동향에 대해 발표를 시작하겠습니다. 저는 발표를 맡은 ○○○입니다."

자세는 뻣뻣하고, 말투는 마치 책을 읽는 듯이 딱딱하며, 잔뜩 긴장한 눈빛입니다.

결론만 말하자면 이런 식의 발표는 대부분 실패합니다. 너무 힘이 들어가 있거든요. PT 고수들은 절대 쓸데없이 힘을 낭비하지 않습니다. 쓸데없는 힘이 들어가면 눈빛이 부자연스러워지고, 상대방도 이를 눈치채게 됩니다. 그리고 발표자를 불편하게 느끼게 되죠. 발표자나 발표를 들어야 하는 상대나 마음이 편해야 발표에 집중할 수 있습니다.

참고로 이렇게 발표할 때 자꾸 힘이 들어가는 이유는 '맞지 않는 옷'을 입었기 때문일 가능성이 높습니다. 지금부터는 이런 어려움들을 극복할 수 있는 방법과 실제 발표에서 화룡점정을 찍을 수 있는 방법을 하나하나 짚어보겠습니다.

1. 스크립트를 달달 외운다?

발표 시작 인사부터 마무리 인사까지 미리 만들어서 토씨 하나 틀리지 않게 달달 외우는 경우가 있습니다. 일단 이 방법은 추천하지 않습니다. 현실적으로 PT를 준비하는 시간은 하루, 길어야 이틀 정도예요. 내용을 완벽하게 암기할 시간 자체가 물리적으로 부족합니다. 만약 내용을 겨우 외운다고 해도 암기는 실전에서 큰 힘을 발휘하지 못합니다. PT를 해보면 알겠지만 PT는 돌발상황의 연속입니다. 모든 게 변수죠. 중간에 질문하는 분들도 있고, 오타가 발견되는 경우는 부지기수이며, 페이지가 뒤바뀌어 있는 경우도 있어요. 더구나 발표자가 예민한 성향이라면 듣는 사람의 표정이 안 좋아졌다는 걸 알아채거나 발표 환경이 예상과 다를 때 페이스가 확 무너지는 경우도 있습니다. 그래서 '암기'라는 행위는 사소한 변수에도 사람을 경직시키고 돌발상황에 대처하지 못하게 만들죠.

그러니 애초에 스크립트를 준비하기보다는, 만들어놓은 PPT를 4~5번 정도 반복해보면서 소리 내어 읽는 연습을 하세요. 스크립트를 써서 외우면 된다, 그러다 보면 실력이 는다는 조언은 거짓말입니다. 암기력은 좋아질 수 있겠지만 PT 실력을 늘리는 좋은 방법은 절대 아닙니다. 발표는 말을 잘하는 사람이 아니라 내용을 꿰뚫고 있는 사람이 잘합니다. 실전에서 발표를 잘하는 사람은 단순 암기식의 발표 연습에 시간을 많이 할애하지도 않습니다. 오히려 그 시간에 내용의 본질을 파악하는 데 더 많은 노력을 기울이죠.

앞서 말했듯 발표를 잘하려면 4~5번 정도 소리 내어 읽는 것이 가장 좋습니다. 다만 이 연습을 할 때 여러분이 해야 할 일이 있습니다. 발표할 PPT의 내용을 계속해서 미세하게 조정해나가는 겁니다. 자신의 말하기 스타일에 따라 5페이지에 있던 걸 9페이지로 옮기고, 어떤 페이지는 빼고, 어떤 페이지는 새롭게 추가하면서 완전히 내 흐름에 맞게 페이지를 업그레이드하는 것이죠. 이런 식으로 PPT를 여러분의 입맛에 맞게 계속 바꿔나가는 과정이 필요합니다. 발표를 PPT에 맞출 것이 아니라 PPT를 발표에 맞춰야 하는 것입니다. 거듭 강조하지만 PPT는 단지 '보조도구'일 뿐입니다.

PPT 페이지를 '원 슬라이드 원 메시지'로 만들어야 하는 가장 큰 이유 역시 발표 때문입니다. 앞에서도 잠깐 언급했는데 원 슬라이드 원 메시지가 아니면 PPT를 발표에 맞춰 유연하게 수정하는 것이 힘들어집니다. 한 페이지에 10개의 메시지를 담았다면 중간에 페이지를 빼기가 어렵겠죠. 수정을 할 때도 앞뒤로 붙어 있는 내용을 다 같이 수정해야 합니다. 발표 준비에 전념해야 할 단계에서 PPT 구조를 다시 매만지는 참사가 벌어진다면, 이 발표는 100% 꼬일 것입니다.

2. 커닝페이퍼를 만들어라

앞서 PT는 본질만 꿰뚫고 있으면 쉽다고 말했지만, PT를 듣는 사람이 많거나 내가 이 PT에 사활을 걸고 있다면 누구나 긴장을 하기 마련입니다. 그러다 보면 가끔 블랙아웃이 일어나기도 하죠.

이런 때를 대비해, 너무나 다행스럽게도 PPT 페이지에는 발표용 커닝페이퍼를 적을 수 있는 비밀 공간이 있습니다. 긴장하는 사람도 발표에 자신이 없는 사람도, 이 커닝페이퍼만 있으면 무난하게 발표를 진행할 수 있죠.

여기에는 사실 어떤 글자가 들어가도 발표를 듣는 사람에게는 블라인드 텍스트가 됩니다. 즉 이 페이지를 보는 사람들은 저 자리에 텍스트 덩어리가 있다는 것은 인지하지만 딱히 읽으려고 하거나 관심을 가지지 않는다는 것이죠. 그것을 '블라인드 텍스트'라고 부릅니다.

이 부분에 내가 알아볼 수 있는 키워드를 중심으로 2줄 정도를 집어넣을 수 있습니다. 이 2줄은 PT를 듣는 사람이 읽으라고 넣은 것이 아닙니다. 오로지 발표자만을 위한 것이죠. PT를 하는 사람이 겪게 될 혹시 모를 블랙아웃 사태에 대비해 넣어둔 커닝페이퍼입니다.

딱 'PPT 하단 10%의 공간'입니다. 글자 크기는 12pt로 2줄을 넘지 않게 발표를 도와줄 키워드나 문장을 적어놓으면 됩니다.

블라인드 텍스트 위치

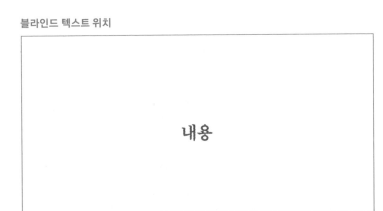

하단 10% 공간에 발표 관련 키워드를 적어두자

저 역시 매 발표 때마다 매우 유용하게 써먹고 있습니다. 갑자기 말문이 막히거나 블랙아웃이 됐을 때를 대비하여 '믿는 구석'을 마련해 놓았기 때문에 상대적으로 긴장을 덜하게 되죠. 동시에 자신감도 상승합니다.

12pt 글자가 적힌 하단 10%의 공간은 듣는 사람들의 시선이 닿지 않는 발표자만의 공간입니다. 발표자에게만 보이고 듣는 사람에겐 보이지 않는 마법의 공간! 이 하단 10%를 잘 활용하여 자신감 있는 발표에 한 발짝 더 다가가길 바랍니다.

3. 과장과 거짓말은 금물이다

'발표'는 한마디로 바꿔 말하면 '연기'입니다. 배우들이 연기로 관객들을 울리기도 하고 웃기기도 하는 것처럼, PT를 하는 사람들도 상황에 맞는 연기를 해야 합니다. 심각할 때는 심각한 척을, 희망을 전달할 때는 상대방이 희망을 느낄 수 있게 해야 하죠.

앞서 '기획서의 구조'를 설명할 때 각 단계별로 인간의 감정을 자극해야 한다고 언급했습니다. '위기감', '납득', '인정', '결단' 같은 인간의 감정을 자극하려면 PT에서만큼은 '연기'가 옵션이 아니라 필수입니다. 하지만 연기를 할 때도 반드시 주의해야 할 점이 하나 있습니다.

바로 '자신의 연기에 취하지 않아야 한다'는 것입니다. 정말 중요한 이야기입니다. 연기에 취하는 순간 사람들은 평소보다 '더' 과장하게 됩니다. 그러다 보면 PT를 하기 전, 충분히 조사하지 못했거나 충분히 알지 못하는 것에 대해 확신을 가지고 마치 팩트인 것처럼 말하는 경우가 많습니다. 바로 그 순간이 발표를 망치는 결정적인 순간입니다.

PT를 듣는 사람들은 발표자가 말하는 것을 메모하거나 기억했다가, PT가 끝난 다음 Q&A 시간에 그것이 사실인지 아닌지 확인합니다. 발표자가 팩트만을 말했다면 다행이지만, 연기에 취한 상태에서 말한 내용들은 사실이 아닌 경우도 굉장히 많습니다. 사실이 아닌 것들은 이야기를 하다 보면 바로 들통이 날 수밖에 없습니다. 이것은 발표자의 신뢰도와 직결되는 문제예요. 만약 어떤 사실에 대해 한 번만 거짓말을 해도 발표자에 대한 신뢰는 처참히 무너집니다. 발표자가 말한 논리들은 순식간에 무용지물이 되죠. 그러니까 애초에 충분히 숙지하지 않은 것에 대해서는 과장하지 않아야 하고 조심스럽게 말해야 합니다. 욕심이 과하면 많은 것을 망칩니다.

PT 경험이 적은 사람일수록 '내가 모든 것을 알아야 한다', '내가 모든 것에 답해야 한다'는 강박관념에 사로잡혀 '잘 모르겠습니다'라는 말을 하지 않으려 합니다. 그래서 질문이 들어왔을 때 잘 모르더라도 그럴듯한 말로 둘러대거나 거짓말을 하는 경우가 많아요. 하지만 모르는 것에 대한 질문에는 모른다고 인정하는 것이 가장 좋은 대처 방법입니다. 모르는 것을 모른다고 할 줄 알아야 여러분을 쥐어짜고 있는 부담감과 속박으로부터 자유로워지고 발표도 유연해질 수 있습니다.

정리하자면 PT를 할 때는 연기를 해야 하고, 연기를 하되 취하면 안 됩니다. 또한 모르는 것에 대해서는 모른다고 말해도 괜찮습니다. 대신 이렇게 말하는 거죠.

"지금은 제가 정확히 인지하고 있지 못합니다. 나중에 사무실에 복귀한 뒤 확인하고 답변해도 괜찮을까요?"

4. 말발이 달린다는 건 핑계

'말발이 달려서 발표를 못한다'고 말하는 사람이 정말 많습니다. 발표를 잘한다는 것이 꼭 말을 청산유수로 한다는 뜻일까요? 아닙니다. 말을 좀 더듬어도, 좀 천천히 하더라도, 목소리가 좀 작아도, 얼마든지 듣는 사람들을 '몰입하게' 만들 수 있습니다. 그렇다면 듣는 사람을 몰입시키는 힘은 어디서 오는 걸까요? 좋은 PT와 그렇지 않은 PT를 가르는 그 힘은 바로 '본질의 이해'에서 옵니다. 발표자가 내용의 본질을 얼마나 잘 알고 이해하고 있느냐가 좋은 PT와 그렇지 않은 PT를 결정합니다.

결코 뜬구름 잡는 소리가 아닙니다. 정말로 이것이 전부입니다. 발표 내용의 본질을 정확히 숙지하고 자신감이 생길 만큼 세세히 공부했다면, 말을 조금 더듬거나 대사를 틀렸다 해도 PT에 큰 영향을 주지 않습니다. 앞에서 말한 발표 멘트를 외우지 않는다는 것과 일맥상통하는 부분이 있죠.

저는 특별히 말을 잘하는 사람이 아닙니다. 하지만 글자가 별로 없는 PPT 몇 장만으로도 기획서와 PPT에 대해 10시간 정도는 거뜬히 이야기할 수 있습니다. 언변을 타고난 것도, PPT에 많은 설명이 담겨 있는 것도 아닌 상황에서 이런 일이 가능한 이유는 기획서와 PPT에 대한 많은 경험뿐 아니라, 이 분야에 대해 누구보다 치열하게 고민해왔던 시간이 있었기 때문입니다. 거기서 '본질'을 볼 수 있는 시야가 생긴 것이죠.

그런데 만약 지금 당장 아무 준비 없이 잘 알지 못하는 '데이터 사이언스'를 설명해야 한다면 어떨까요? 상식적인 수준에서 대강 얼버무릴 수는 있겠지만, 지금으로서는 '데이터 사이언스'의 본질을 꿰뚫는 시각이 없기 때문에 상대방이 몰입할 수 있는 좋은 PT는 할 수 없을 겁니다.

PT에는 지름길이 없습니다. 계속 반복해 이야기하지만, 발표자가 내용을 충분히 이해하고 본질을 꿰뚫고 있어야 합니다. 조금 바쁘고 힘들더라도 PT 담당자가 프로젝트 전반을 리드하는 것이 가장 좋습니다. 세부적인 디자인까지는 아니더라도 기획서 문안이나 PPT 문구 등은 PT 담당자 본인이 해야 합니다. 그래야 실수가 적고 더 자신감 있는 PT를 할 수 있습니다. 이것이야말로 개개인은 물론이고 회사에도 수익을 가져다주는 방법입니다.

5. 프리젠터를 깜빡했다면

PT에서 가장 많이 생기는 물리적 돌발상황은 바로 '프리젠터'를 빠트린 경우입니다. 프리젠터란 버튼을 눌러 화면을 넘기는 기기입니다. 물론 프리젠터가 없어도 노트북 스페이스바를 누르면서 PT를 할 수는 있습니다. 하지만 큰 강당처럼 PC와 떨어져 화면 앞에서 발표를 해야 할 때는 프리젠터가 없으면 속수무책이죠.

저도 몇 번이나 이런 경험을 한 적이 있는데, 그럴 때마다 굉장히 당황했습니다. 급한 대로 그 자리에 있던 동료가 자료를 넘겨주긴 했지만, 저와 동료의 호흡이 정확히 맞을 리 없죠. 그래서 PT를 망칠 뻔했던 기억이 납니다. 안타깝게도 이런 사고는 현장에서 매우 자주 일어납니다. 이럴 때 가장 좋은 대처법은 바로 '마우스'를 사용하는 겁니다. 프리젠터 대신 무선 마우스를 들고 발표하는 거죠. 마우스에 있는 스크롤을 내리거나 왼쪽 버튼을 클릭하면 PPT가 한 장씩 넘어갑니다. 그러니 프리젠터가 없어도 절대 당황하지 말고 마우스를 활용하세요.

마우스는 생각보다 유용합니다. 그리고 돌발상황에 당황하지 않고 마우스를 활용하는 당신의 대처 능력을 눈여겨보는 사람도 분명 있을 겁니다.

프리젠터를 사용해 장표를 넘길 때 TV 리모컨 조작하듯 공중에 대고 큰 동작으로 누르는 분들이 꽤 있는데요. 굳이 그럴 필요 없습니다. 마우스나 프리젠터 둘 다 블루투스로 연결되기 때문에, 손을 높이 들지 않고 편안한 자세로 눌러도 PPT는 잘 넘어갑니다. 최대한 자연스럽고 편안한 동작으로 발표해야 듣는 사람도 발표 내용에 집중할 수 있습니다.

6. 예정 시간을 준수하라

PT를 하는 시간은 보통 정확하게 정해져 있습니다. 그런데 발표자가 당일 컨디션이 좋아 발표가 술술 풀린다고 해서, 자기 기분에 취해 '시간 개념'을 잊고 예정된 시간을 습관처럼 넘긴다면 어떨까요?

약속한 시간을 지키는 것은 비즈니스의 기본 매너 중에서도 기본이라는 사실을 잊으면 안 됩니다. 발표 시간과 Q&A 시간이 따로 정해져 있다면 그 기준에 따라 시간을 분배하면 됩니다. 만약 정해지지 않았다면 발표 시간은 '전체 약속 시간의 80%'를 넘지 말아야 합니다. 그리고 나머지 20%는 Q&A를 위해 남겨둬야 합니다.

PT를 하는 이유는 내가 가진 정보를 일방적으로 전달하고 발표자의 능력을 뽐내기 위한 것이 아닙니다. 커뮤니케이션을 하기 위한 것입니다. 발표자는 '듣는 사람들의 궁금증을 최대한 해결해주는 것'을 사명으로 삼아야 합니다.

Q&A 시간에 질문이 나오지 않는 경우도 있습니다. 발표자에게 그렇게 좋은 사인은 아니지만, 그렇다고 그 시간을 멀뚱멀뚱 보낼 수는 없습니다. 이런 경우에 대비한 시나리오도 준비해둬야 합니다. Q&A 시간에 질문이 안 나온다면 다음 2가지 시나리오 중 하나를 이어서 발표하세요.

첫째, 발표 분량이 30분 정도라면 이 내용을 5분 내로 축약해 설명할 수 있는 시나리오를 준비합니다. 둘째, 제안서에 담은 선별된 20%의 핵심 내용을 제외하고 부록으로 빼놓은 나머지 80%를 설명할 시나리오를 준비합니다. 이 두 시나리오를 미리 준비해 간다면, 질문이 나오지 않아도 그 시간을 슬기롭게 대처할 수 있습니다.

7. 워드형 제안서를 따로 준비하라

앞서 설명한 것 중에 특별히 중요한 내용을 하나 꼽으라면 저는 '원 슬라이드 원 메시지'를 꼽겠습니다. 중요한 자리일수록 발표용 PPT는 군더더기 없이 심플해야 합니다. 심플한 게 럭셔리하고, 심플한 게 스마트한 거예요. 설명이 지나치게 길고 복잡할수록 저렴한 느낌이 나죠. PPT뿐 아니라 일반 제품들도 마찬가지입니다. 저렴한 제품일수록 장황하게 뭔가가 덕지덕지 붙어 있거든요.

PPT 한 장에 메시지 하나를 초과하면 안 된다는 것은 한 장에 한 문장이어야 한다는 게 아닙니다. 문장은 상황에 따라 몇 줄이든 들어갈 수 있습니다. 여기서 말하는 건 '한 개의 메시지'입니다.

이 원칙을 지키면서 기획서를 만들다 보면 자연스럽게 '워드형(서술형)' 문장들이 빠집니다. 또 복잡하고 쓸데없는 디자인도 빠지게 되죠. 이러면 기획자 스스로 '너무 허전한 것 아닌가?' 하는 불안감을 느끼거나, 반대로 클라이언트들이 허전함을 느끼는 경우가 있어요. 그때는 '워드형' 제안서를 따로 만들어 나눠주면 됩니다. PPT 만들 시간도 부족한데, 워드형 제안서를 또 만들라는 말이 아닙니다. PPT에 글을 올리기 전에 만드는 워드형 문서 최종본을 활용하라는 말입니다. 그러면 따로 문서를 만들지 않아도 됩니다. PPT에 올리기 전에 완성한 '워드형 문서'는 아주 훌륭한 서술형 보고서입니다. 이 보고서를 출력해서 보조자료로 나눠주세요. 내용은 이미 완성돼 있기 때문에 별도로 시간을 들일 필요 없이 형식만 다듬으면 됩니다.

어차피 사람들은 나눠준 자료보다 발표자의 입에 주목할 테지만, '저렇게 심플한 PPT가 다야?'라고 생각하는 사람들을 안심시킬 수 있는 적절한 방법이 될 수 있습니다.

8. 기획서에 날개를 다는 필승전략, 권위

이번에는 의외로 아주 강력하게 먹히는 기획서의 필승전략을 소개하겠습니다. 바로 '인터뷰'입니다. 어떤 것을 주장하고 싶은데,

그에 대한 '근거'나 '수치'를 도입하기 어려운 경우가 있습니다. 특히 잘 모르는 분야거나 수치를 뽑아내기 어려운 인문학적인 주제라면 충분히 그럴 수 있어요.

아무리 고민해도 문제가 안 풀린다면 이때는 권위 있는 지인을 이용하는 게 좋습니다. '인터뷰' 영상을 찍어 PPT에 삽입하는 것입니다. 분야에 따라 다르겠지만 교수, 작가, 유튜버, 연예인 등 신뢰를 줄 수 있는 사람이라면 그 누구라도 좋습니다. 다만 클라이언트가 알 만한 사람이어야겠죠. 고르는 기준은 당신이 아니라 '클라이언트'라는 사실을 기억하시길 바랍니다. 발표를 듣는 사람들이 압도될 만한 '권위'를 지닌 셀럽이나 주변 인맥을 활용해, 프로젝트에서 논리가 빈약한 부분을 영상으로 채워보세요.

기획서는 일종의 집짓기라 할 수 있습니다. 기둥이 빠져 있거나 기초공사가 부실한 상태에서 집을 올리면 살랑바람에도 무너질 수 있어요. 그나마 부실한 부분을 미리 파악할 수 있다면 굉장한 행운이죠. 부족한 부분은 메꾸고 보강해서 견고한 기획서를 만들어보기 바랍니다.

지금까지 기획, 글쓰기, PPT 제작, 발표에 필요한 다양한 도구들을 소개했습니다. 어떤 도구든 쓰지 않으면 발전하지 않습니다. 남은 건 오직 당신의 경험입니다. 불안감은 '경험 부족'에서 나옵니다. 해본 적이 없으니 불안하고, 불안하니 시작을 못 하고, 시작을 못 하니 지속적인 경험을 쌓을 수 없는 '악순환'이 반복되는 것입니다. 이제 도구들을 알았으니 직접 써보세요.

길을 걸을 때 특별한 자신감이 필요한 경우는 거의 없습니다. 그냥 걷는 거죠. 왜냐, 많이 걸어봤으니까요. 걷다 보면 돌부리에 걸려 넘어질 수도 있고, 길이 패인 곳에 발이 빠져 다칠 수도 있습니다. 그렇지만 이런 일이 생길까 봐 두려워서 걷지 못하는 사람은 없습니다. 위험 요소가 존재한다는 걸 알고 있지만, 그것이 절대로 나를 무너뜨릴 수 없다는 사실 또한 잘 알고 있기 때문에 두려움 없이 앞으로 나아가는 것입니다.

어릴 적 첫걸음마를 뗄 때는 어땠나요? 잘 기억나지 않겠지만 불안하게 균형을 잡지 못하고 넘어질지 모른다는 굉장한 두려움이 있었을 거예요. PT도 마찬가지입니다. 발표에 영 자신이 없다면 규모가 작은 집단에서 먼저 시작해보세요. 친한 친구 한두명 앞에서 당신의 생각을 논리정연하게 표현해보고, 인원을 10명, 20명으로 점점 늘려가는 겁니다. 그다음 과거의 당신과 현재의 당신을 꾸준히 비교하면서 '복기'하고 '개선'하면 됩니다. 퀀텀 점프Quantum Jump를 할 그날은 무조건 옵니다.

2부

회사 밖 기획자

제6강

·

내 기획을
돈으로 만들기

지금까지는 생각을 문서로 정리하고, 그 문서로 상대방을 설득하는 기술에 대해 이야기했습니다. 그런 도구를 손에 쥐었다면 이제 가장 중요한 것이 남아 있습니다. 바로 이 도구를 이용해 '돈'을 버는 일입니다.

기획은 누구나 할 수 있지만 '좋은 기획'으로 계속 살아남기 위해서는 먹이가 필요합니다. 기획에 중요한 먹이 2가지는 바로 '팬'과 '매출'입니다. 다시 말해 당신의 기획을 반기는 주체가 있어야 하고, 그로 인해 매출이 발생해야 합니다. 그렇지 않으면 당신의 기획은 금세 생명력을 잃고 사라지고 맙니다. 당신의 기획에 아무리 선의가 가득하고 꿈과 희망이 넘치더라도 '팬'과 '자금'이 모이지 않으면 죽고 말죠.

이번 챕터에서는 당신의 기획에 팬이 생기고 매출이 생기게 하는 방법, 즉 '기획으로 비즈니스 하는 방법'을 이야기하려고 합니다. 만약 '갑자기 무슨 돈이냐. 나는 돈과 상관없이 일이나 잘하고 싶다'라고 생각한다면, 다시 한번 생각해보세요. 봉사단체나 재단 혹은 공익을 목적으로 한 엔피오^{NPO}가 아니라면, '돈과 상관없이'라는 전제는 잘못된 것입니다.

그리고 누구나 평생 돈 걱정 없이, 내가 일어나고 싶은 시간에 일어나고 내가 일하고 싶은 시간에 일하며, 장소에 구애받지 않고 일하는 삶을 꿈꿀 것입니다. 그렇다면 사업도 염두에 두어야

돈 되는 기획

합니다.

잠시 회사에 대한 이야기를 해보겠습니다. 현대의 회사원은 더 이상 부를 쌓기 위한 계층이 아닙니다. 회사원은 '명예직'입니다. 분명 좋은 회사에 꾸준히 다니고 직급이 높아지면 충분히 명예로운 삶을 살 수 있습니다. 하지만 회사원의 삶은 시간적, 경제적 자유를 누리는 쪽과는 거리가 멀죠. 저는 회사 생활을 10년 이상 해왔고, 회사를 다닌 덕에 굉장히 많은 스킬을 익힐 수 있었으며, 인맥도 탄탄히 쌓을 수 있었습니다. 따라서 개인적으로 회사 생활 자체를 부정적으로 보지는 않습니다. 오히려 회사 생활은 반드시 필요하다고 생각합니다. 하지만 영원히 회사를 다녀야 하느냐라는 문제는 다시 한번 생각해봐야 하죠.

뒤에서 자세히 설명하겠지만 대학을 중퇴·졸업하고 바로 창업하는 것은 바람직하지 않습니다. 최소한 회사 생활을 5년 정도 하고 난 뒤 창업하는 것이 좋습니다. 회사에 다닐 때는 필수적으로 부업을 해야만 '회사원에서 기획자로' 자연스러운 전환이 가능하다는 점도 기억하세요.

이 챕터에서는 당신이 시간적, 경제적 자유를 가진 기획자가 되기 위해 언제부터 어떻게 준비를 해나가야 하는지, 어떻게 해야 점점 노동시간을 줄이면서 더 큰 돈을 안정적으로 벌 수 있는지 모든 노하우를 알려드리겠습니다.

1. 일단 회사에 들어가자

무엇보다 강력히 제안하고 싶은 것은, 대학을 졸업하고 바로 창업하는 것보다는 일단 회사에 입사하라는 겁니다. 이때는 여러분이 할 수 있는 모든 수단과 방법을 총동원해서 최대한 큰 회사, 유명한 회사, 일을 잘 배울 수 있는 회사에 입사해야 합니다. 이런 회사를 지금부터 '좋은 회사'라고 말하겠습니다. 처음부터 좋은 회사에 들어갈 여건이 안 된다면 몇 번의 이직을 통해서라도 반드시 좋은 회사에 정착하여 시간을 보내야 합니다.

저는 처음에 유명하지만, 신입에게 좋다고 볼 수는 없는 회사에 입사했습니다. 몇 주간 신입사원 연수를 받으면서 '내가 여기에서 배울 수 있는 스킬이 많지 않겠다'라고 직감적으로 판단했죠. 첫 직장을 3개월 만에 그만두고, 두 번째 회사도 마찬가지 이유로 6개월 만에 퇴사했습니다. 그렇게 1년 이상을 허비한 뒤 들어간 회사에서 마침내 많은 스킬을 배울 수 있겠다고 판단했고 2년간 근속했습니다. 제 마음속의 첫 직장인 셈이죠. 허비했다고 표현한 1년의 시간은 어찌 보면 지금 저에게 더 큰 시간을 허비하지 않도록 교훈을 남겨준 소중한 시간이었습니다.

힘겹게 들어갔다는 생각에 몇 년을 버텼다면 저는 지금의 '기획자'라는 타이틀을 가질 수 없었을 것입니다. 입사하는 과정이 얼마나 고되고 어려운지 잘 알고 있습니다. 하지만 그보다 더 중요한 건 여러분의 시간입니다. 여러분의 직감을 믿으세요. 아니라고 판단되는 회사라면 불편함, 미안함, 죄책감 등의 감정을 벗어던지고 최대한 빨리 빠져나오세요.

이런 제안을 하는 데는 몇 가지 이유가 있습니다. 신입 2~3년의 기간에 배우는 업무 기술들은 평생 업무의 씨앗이 됩니다. '세살 버릇 여든까지 간다'는 말이 비즈니스에도 통용되는 거죠. 3년차 버릇 은퇴까지 가는 겁니다. 이때 좋은 회사에 들어가야 좋은 선배를 만날 확률이 높아집니다. 그런 선배 밑에서 일을 배우며 성장하는 것은 평생의 밑거름이 됩니다. 반면 좋지 않은 환경에서 2~3년을 보낸 사람들은 평생 나쁜 습관이 몸에 배어 기획자로서 발돋움할 때 큰 문제가 발생합니다.

이 시기에 당신에게 단순 반복 업무만 시킨다고 해서 조바심을 내거나 속상해할 필요는 전혀 없습니다. 오히려 이 시기가 아니면 단순 업무를 몸에 익힐 시간이 없습니다. 단순 업무는 농구로 치면 드리블 같은 겁니다. 기본 드리블 능력이 장착되어 있어야 숏도 던지고 패스도 할 수 있으니까요. 기초를 쌓는 과정이라고 생각하면 됩니다. 좋은 회사라고 판단했다면 회사에 다니는 동안 작고 반복적인 일만 맡는다고 해도 절대 이탈하지 말고 끝까지 책임감 있게 해내야 합니다.

회사가 당신을 뽑은 이유를 잘 생각해보세요. 회사는 당신을 키우려고 뽑은 게 아닙니다. 당신을 소모품으로 쓰려고 뽑은 거죠.

슬프지만 이게 현실입니다. 진급이라는 리워드는 이 시기를 잘 버틴 사람에게만 주어지는 것입니다. 지금 부업과 창업에 대한 이야기를 하고 있지만, 당신이 회사에서 승승장구해서 승진을 하고 임원이 되는 길을 의도적으로 배제할 필요는 없습니다. 그러니 늘 여러 가지 카드를 가지고 있어야 합니다.

회사를 다녀야 하는 또 다른 이유는 '문서 양식' 때문입니다. 좋은 회사는 특성상 그 자리에 당신이 앉아 있든 다른 사람이 앉아 있든, 상황에 관계없이 업무가 원활히 돌아갑니다. 좋은 기업은 대체로 시스템화가 되어 있는데, 이를 가능하게 만들어주는 큰 요소 가운데 하나가 바로 '문서'입니다. 어떤 상황이든 그에 꼭 맞는 문서가 있습니다. 이 문서들은 회사의 돈이 새지 않도록 제어해주고, 여러 사람이 한 가지 안건을 몇 차례 검토할 수 있도록 리스크를 막아주며, 문제가 발생했을 때 원활하게 해결해주는 중요한 역할을 합니다.

계약서, 인보이스, 공문, 제안서, 견적서, 품의서 등 이런 문서들은 향후 여러분이 부업이나 사업을 이끌어나가는 데 굉장히 큰 힘이 됩니다. 사업에 밑바탕이 되죠. 회사 생활 경험이 있는 기획자와 그렇지 않은 기획자 사이에서 실력과 연륜의 차가 크게 벌어지는 이유는 바로 이 때문입니다. '주변에 회사에 다니는 친구에게 얻어 쓰면 된다'고요? 하지만 생각해보세요. 돈 주고 PPT 템플릿만 구매했다고 해서 좋은 기획서를 만들 수 있을까요?

아닙니다. 문서 양식도 마찬가지예요. 껍데기가 중요한 게 아니라, 그 양식을 상황에 맞게 직접 써보면서 몸과 머리에 체화시키는 것이 포인트입니다. 회사 경험이 없으면 어떤 문서가 어떤 상황에서 어떻게 쓰이는지 경험이 부족하기 때문에 손해를 보는 경우가 굉장히 많습니다.

강조하건대 당신의 기획은 '문서'라는 형태를 거치지 않으면 현실화되기 어렵습니다. 이런 문서 양식들이 이미 체화돼 있다면 어떤 기획을 하든 진행이 수월해지죠. 문서는 단순한 종이 쪼가리에 불과한 것이 아니라 '애티튜드'입니다. 사회생활을 잘한다는 말은 'TPO$^{Time\ Place\ Occasion}$에 맞게 문서나 이메일을 잘 보낼 줄 안다'라는 말과 같습니다. 문서는 비즈니스의 생활이자 언어입니다. 좋은 회사에 들어가야 이런 것들을 제대로 배울 수 있습니다.

좋은 회사에 다녀야 하는 마지막 이유는 '평판'입니다. 좋은 회사에서 n년을 버티고 다닌 당신에게는 평생 써먹을 수 있는 훈장이 하나 따라옵니다. 바로 '출신'입니다. 출신은 생각보다 많은 것을 가능하게 해줍니다. 누구나 처음 기획하고 창업할 때는 작은 규모로 시작하게 됩니다. 이때 당신의 작은 시작을 커 보이게 하는 착시효과를 줄 수 있는 것이 바로 개개인의 '커리어'입니다. 커리어 중에서도 가장 크게 효과를 볼 수 있는 것이 바로 '출신'이죠.

물론 출신이 없다고 아무것도 할 수 없다는 말은 아닙니다. 출신은 일종의 '지름길'이 될 수 있다는 말이죠. 여러분이 홀로서기로 세상에 첫발을 내디딜 때 "전에 뭐하셨어요?" 같은 질문을 가장 많이 받을 겁니다. 비즈니스에서는 신용이 최우선이기 때문에 현재 당신의 회사가 신용이 없는 상태라면 대표 개인의 과거를 묻게 되죠. 이는 지극히 자연스러운 현상입니다.

그뿐 아니라 이 '평판'으로 자금도 확보할 수 있습니다. 바로 마이너스 통장입니다. 당신이 다니는 좋은 회사에는 주거래 은행이 있습니다. 당신이 그 회사의 사원이라는 것만 입증하면 어렵지 않게 '마이너스 통장'을 만들 수 있죠. 금액은 개인의 상황과 신용에 따라 천차만별이지만, 기본적으로 몇천만 원 정도는 충분히 가능합니다. 이 든든한 마이너스 통장은 앞으로 당신의 기획에서 에너지원이 됩니다. 마이너스 통장으로 확보한 자금은 당장 부업에 투자하면 됩니다. 지금부터는 이 '부업'에 대해 자세히 설명하겠습니다.

2. 회사 몰래 생존 스킬을 쌓자

혹시 이런 생각을 갖고 계신가요? "내가 하고 싶은 기획을 회사에서 하면 되는 것 아닌가요? 회사에는 인력도 많고 자금도 풍부하니 내 기획이 좋다면 서포트 해주지 않을까요?" 하지만 회사에서 기획하는 것에는 몇 가지 문제점이 있습니다.

먼저 회사라는 조직은 당신 개인의 기획을 위한 기회를 주는 곳이 아닙니다. 생리적으로 그렇습니다. 원래 하고 있는 특정 비즈니스에 특정 역할이 필요해서 당신을 뽑은 것이죠. 그래서 당신이 조직의 흐름에서 벗어나 튀거나, 주어진 일이 아닌 다른 일을 하려고 하면 인사 평가에서 좋은 점수를 받지 못할 수도 있습니다. 아마 요가학원에 가서 데드리프트를 하려는 사람으로 비춰질 거예요. 회사는 '시키는 일을 잘 해내는 사람'이 좋은 평가를 받는 곳이거든요. 저도 나름대로 개방적인 회사를 다녔다고 생각하지만, 팀의 성격과 맞지 않는 신사업을 제안했을 때 한 번도 받아들여진 적이 없습니다. 제 아이디어를 신선하게 생각하고 좋아했지만 최종적으로 진행되기는 힘들었죠. 바꿔 말하면 회사는 매번 수동적인 일의 반복입니다. 이 때문에 회사원들은 극심한 스트레스에 시달립니다. 인간은 원래 자기 업무를 스스로 결정할 기회가 없고 상사가 지시하는 일만 하게 되면 스트레스 관련 호르몬 분비가 증가된다고 합니다.

부업 이야기를 하기 전에 잠깐 '워라밸' 이야기를 하겠습니다. 요즘은 회사에서 스트레스를 많이 받는다는 이유로 워라밸^{Work and Life Balance}을 자주 거론합니다. 일과 생활의 밸런스를 찾아 스트레스를 풀고 싶다는 발상이죠. 워라밸의 필요성에 대해서는 동의합니다. 회사에서 하는 일은 '내 일'이 아닌 '남의 일'이기 때문에 계속해서 내가 소진되는 과정의 연속이거든요.

만약 휴식 없이 운동을 계속하면 어떻게 될까요? 결국 쓰러지고 말 거예요. 마찬가지로 휴식 없이 회사생활을 지속하는 것은 불가능에 가깝습니다. 문제는 '휴식'의 정의입니다. 휴식을 어떻게 정의하느냐에 따라 인생의 길이 완전히 달라집니다. 워라밸이 중요하지 않다는 말이 아니라 그 방향이 더욱 중요하다는 것입니다.

워라밸의 밸런스, 즉 '휴식'이라고 했을 때 보통 어떤 것이 떠오르나요? 빨리 퇴근해서 넷플릭스 보기, 친구들과 맛집에 가서 인스타그램에 사진을 올리고 좋아요 받기, 국내외 여행 등을 생각할 수 있습니다. 그러나 냉정하게 말해서 이렇게 시간을 보낸다면 당신의 삶은 단 하나도 바뀌지 않을 거예요. 밸런스를 잡겠다면서 단순히 린백 콘텐츠Lean Back Contents를 소비하며 시간을 보내는 것은, 운동선수가 휴식기에 먹고 싶은 것을 마음껏 먹고 술, 담배를 마음껏 하는 것과 비슷한 맥락입니다.

그럼 어떻게 해야 할까요? 먼저 회사 업무를 통해 스트레스를 받는 이유를 생각해봅시다. 가장 큰 이유는 아마도 자기결정권 없이 '수동적'으로 일하기 때문일 거예요. 이것이 '문제의 원인'입니다. 문제를 해결하려면 원인을 정확히 알고 대응해야 하는데, 단순히 먹고 마시고 쉬는 행동은 원인과는 아무 상관없는 대응입니다.

문제의 원인이 '자기결정권의 부재'에 있기 때문에, 스트레스를 푸는 올바른 방법은 회사 일은 다 잊고 쉬는 것이 아닙니다. 내가 결정권을 가지고 있는 일, '능동적인' 일을 찾아서 하는 것입니다. 내가 주체가 되어서 할 수 있는 여러분만의 기획을 찾아 수동적인 환경에서 얻은 스트레스를 풀어야 합니다. 워라밸의 올바른 정의는 '남이 시키는 일로부터 받은 스트레스를 내 일을 하면서 푸는 것'입니다.

물론 물리적인 쉬는 시간도 필요합니다. 그러나 쉼 자체에 많은 시간을 보낼수록 그 손실은 여러분에게 고스란히 돌아올 것입니다. '일 때문에 피곤한데 또 일을 하라고?' 이런 생각을 하는 사람은 장담하건대 회사에 다니면서 부업을 해본 경험이 없을 겁니다. 주변에 부업을 해본 사람이 있다면 물어보세요. 그 사람은 에너지가 넘칠 뿐 아니라, 본업과 부업 간의 균형이 무너지지 않는 이상 양쪽 일을 아주 잘 처리해낼 겁니다.

자기결정권을 가진 능동적인 일을 하는 순간, 당신을 채울 에너지는 말로 표현할 수 없을 만큼 커집니다. 약 10년 전, 저는 주 70시간 이상을 일하는 광고회사에 근무하면서 야간대학원을 다녔고, 동시에 부업으로 출판사까지 운영했습니다. 지금 생각해도 말이 안 되는 스케줄처럼 보이기는 합니다. 하지만 반대로 생각해보면 제가 자기결정권을 가지고 있는 출판사를 부업으로 운영했기 때문에 완벽한 워라밸이 가능했고, 그 때문에 매일 같이 이어지는 광고대행사의 야근을 버텨낼 수 있었습니다. 부업은 짐^{Burden}이 아니라 내 휴식입니다.

이 책을 읽는 독자 여러분 모두 시간적·경제적 자유를 얻고 싶다는 열망이 강할 것입니다. 부업은 워라밸을 지켜주는 기능도 하지만, 언젠가 시간적·경제적 자유를 가져다줄 소중한 시험대가 되어줄 것입니다.

"사업을 하려면 어떻게 해야 하나요?", "창업을 하고 싶은데 어떻게 해야 할지 모르겠어요." 이런 질문을 받으면 저는 간단히 대답합니다. "회사에 다니면서 부업을 하세요." 이보다 더 좋은 방법이 없을 만큼 부업은 필승전략입니다. 회사를 그만두고 창업을 하면 엄청난 압박감이 몰려옵니다. 리스크가 분산돼 있지 않은 상황이기 때문에 마음이 급해지고 섣부른 결정을 하며, 이성적인 판단이 불가능한 경우가 많아지죠. 가장 중요한 건 실패했을 때 보험이 없기 때문에 다시 일어서기가 굉장히 어렵습니다.

부업은 어떨까요? 실패해도 당신에겐 회사라는 '본업'이 있기 때문에 타격이 그렇게 크지 않습니다. 리스크가 분산돼 있기 때문에 조급함도 사라지죠. 급한 마음이 없으니 실수가 줄고 생각도 깊어집니다. 부업을 해보다가 '사업' 자체가 적성에 맞지 않으면 그만두고, 본업에 충실하면 되기도 하고요.

부업을 하지 않으면 안 되는 중요한 이유는 또 있습니다. 부업을 하지 않고 회사 업무만 하다 보면 생존에 필요한 다양한 스킬을 익히기가 거의 불가능합니다. 예를 들어 사업에서 중요하게 작용하는 기술인 영상 편집, 간단한 디자인 능력, 파이썬 코딩 능력 등은 관련 직종에 종사하지 않는 이상 따로 배울 기회가 거의 없습니다. 이런 기술들은 부업을 하면서 익혀야죠.

신입부터 3년차까지 배운 기술을 평생 써먹는다고 앞서 언급했습니다. 이런 기술들 역시 최대한 빨리 배울수록 좋습니다. 40대가 돼서야 생존기술을 배우려고 하면 트렌드에 뒤처지기도 하거니와 감각이 둔해져서 몇 배로 노력해야 합니다. 외국어 공부와 마찬가지예요. 당장은 조금 고생스러워도 생존 스킬을 빨리 익혀두면 평생 먹고 살 수 있는 기반이 될 겁니다.

사람마다 편차가 있겠지만 20대~30대 초반은 컴퓨터가 프로그램을 입력하듯 우리 안에 프로그램들을 하나하나 쌓아두는 기간이라고 봐야 합니다. 영상 편집 프로그램, 디자인 프로그램, 음악 제작 프로그램 등을 꾸준히 입력해놓으면, 당신의 여생은 그걸 꺼내 쓰는 것만으로도 벅찰 것입니다. 이런 능력은 상상도 못할 많은 부로 이어질 거예요.

성공한 기획자들을 보면 공통적으로 인생의 어떤 시점에서 맹렬하게 생존 스킬을 쌓은 수년의 시간이 존재합니다. 예외가 없습니다. 저도 마찬가지입니다. 20~30대에 맹렬하게 쌓은 일러스트,

인디자인, 파이널컷, 일본어와 영어 능력을 지금도 계속 필요할 때마다 꺼내 쓰고 있으니까요.

생존 스킬을 쌓는 것을 단순히 '스킬'의 문제로만 봐서는 안 되고, '센스의 집적^{集積}'으로 봐야 합니다. 최대한 어린 나이에 생존 스킬을 쌓는 것과 나이가 들었을 때 쌓는 것은 굉장히 큰 차이가 있습니다. 바로 센스의 집적 측면에서요. 20대에는 회사 일만 신경 쓰면 되기 때문에 기술을 익히면서 레퍼런스를 배우고, 내 취향을 테스트하거나 많은 실험을 해볼 수 있습니다. 그러면서 자연스레 '센스'가 생기죠.

하지만 40대에는 신경 쓸 일들이 너무 많아집니다. 주변에 책임져야 할 사람도 늘고, 하는 일에 대해서도 몰입을 방해하는 일들이 많아지죠. 그래서 같은 기술을 배워도 '여유'가 없는 상태에서 배워야 합니다. 그러다 보니 센스가 없는 단순 기술만을 익히게 되어 경쟁에서 뒤쳐지고 말죠. 크리에이터가 아닌 테크니션^{Technician}이 돼버리는 것입니다. 테크니션이 나쁘다는 말이 아닙니다. 테크니션보다는 크리에이터가 더 많은 돈을 벌 수 있다는 뜻입니다.

2030	4050
센스를 집적하며 기술을 익힐 수 있는 기간	테크닉 위주의 기술을 익히게 되는 기간

요즘 '무자본 창업'이나 '최소한의 노동 투입으로 떼돈을 벌수 있다'는 말을 많이 접합니다. 그러나 세상은 뿌린 만큼 거두고 노력한 만큼 돌아오게 되어 있습니다. 무자본 창업은 세상에 존재하지 않고, 최소한의 노동 투입으로 떼돈을 벌 수 있는 일은 더더욱 없습니다. 돈을 벌 수는 있겠지만, 식대도 충당할 수 없을 정도로 적은 돈일 겁니다. 그 돈으로 시간적, 경제적 자유를 누릴 수 있을까요? 불가능합니다. 잘못된 유행처럼 퍼지고 있는 무자본 창업, 무노동 수익 같은 것에 절대로 현혹돼서는 안 됩니다. 그런 건 없습니다. 존재하지 않아요. 내가 간절히 원하는 것이 있는데 아무런 자본도 노동도 없이 이루어지길 바란다면, 로또를 사지도 않고 로또가 당첨되길 원하는 것과 별반 다르지 않습니다.

물론 사업 시스템을 구축해놓은 이후에는 시스템을 구축하는 시기와 비교해서 거의 무노동이라고 할 수 있을 만큼의 효율화가 가능해집니다. 내가 버는 것의 일부를 자본으로 투입하면 되기 때문에, 돈을 벌면서 투자할 수 있는 선순환이 이뤄지죠. 지금 이야기하는 것은 시스템 구축 전까지 해야 할 일입니다. 이때는 무조건 생존 스킬을 쌓아야 합니다. 요행수를 바라지 마세요. 행운은 뭔가를 일궈놓은 사람에게 찾아오는 것입니다. 아무것도 하지 않으면 행운이 와도 그걸 잡을 그물이 없으니까요.

3. 이직을 많이 하는 사람이 좋은 기획자가 된다

말 그대로입니다. 많은 분들이 이직에 두려움을 갖고 있습니다. '이직을 많이 하면 안 좋게 보지 않을까?' '한번 입사했으면 3년은 버텨야지!' 어떤 근거에서 나온 생각일까요? 이런 생각이 우리를 속이는 건 아닐까요? 저는 현재 사업을 하며, 회사에 다닐 때와는 비교도 할 수 없을 만큼 높은 수익을 올리고 있습니다. 그 가장 큰 이유는 이직을 많이 한 덕분이라고 생각합니다. 저는 정확히 10년 동안 6번을 이직했습니다. 그중 오래 다닌 회사도 있고 3개월 만에 그만둔 회사도 있지만, 어쨌든 6번 이직했죠. 제약회사, 광고회사, 스타트업, 엔터테인먼트 회사, 식음료 회사 등으로 옮겨 다녔고, 이직할 때마다 되레 연봉은 몇십 퍼센트씩 상승했죠.

제가 말씀드리고 싶은 건 간단합니다. 회사에서는 최대한 빠르게 스킬을 배우면 그만이지만, 아무 스킬이나 배워서는 안 된다는 겁니다. 향후 기획자로 홀로서기를 하려면 끊임없이 시뮬레이션을 하면서 그에 맞는 스킬을 익혀야 합니다.

이렇게 말하면 대부분 영업사원이라면 영업 스킬을 좀 더 정교하게 익혀야 하고, 재무팀에 있다면 재무에 대한 심도 있는 스킬을 쌓아야 한다고 생각할 겁니다. 평생 회사에서 월급을 받는 스페셜리스트로 성장할 계획이라면 이것도 아주 틀린 방법은 아닙니다. 하지만 언젠가 사업을 하는 기획자로 우뚝 서고 싶다

돈 되는 기획

면, 이 방법은 좋은 선택이 아닐 수도 있습니다.

좀 더 자세히 설명하겠습니다. 연봉 상승률은 대부분 인플레이션을 따라가지 못하는 것이 현실입니다. 이유는 간단합니다. 기업은 가치 있는 것에 돈을 지출합니다. 그런데 연봉이 인플레이션을 따라가지 못한다는 것은 기업이 당신에게 그만큼의 가치가 있다고 생각하지 않기 때문입니다. 예를 들어 유치원 교사의 경우, 요즘 하루가 멀다 하고 '인력 부족' 이야기가 뉴스에 오르내립니다. 인력이 부족하다면 희소가치가 점점 높아져 유치원 교사의 급여가 올라야 정상인데, 현실은 그렇지 않습니다. 왜 그럴까요? 시장이 유치원 교사의 가치를 높게 보지 않기 때문입니다. 유치원 교사는 우리 사회에 꼭 필요하고 전문적인 직업임에도 시장은 그 가치를 제대로 평가해주지 않습니다. 그렇다면 영어 유치원 교사의 급여는 어떨까요? 시설마다 차이는 있겠지만 일반 유치원 교사보다는 훨씬 높습니다. 같은 유치원 교사인데 왜 이런 차이가 발생할까요? 저는 이것을 2차 임팩트라고 표현합니다. 즉 유치원 교사라는 스킬에 영어라는 스킬이 더해진 것이죠.

일반적인 '유치원 교사'라는 틀에서 벗어나지 않는 스킬만 계속해서 연마하면, 그것은 급여나 가치를 올리는 데 큰 역할을 하지 못합니다. 여기에 영어나 발레 같은 스킬을 덧붙여야 2차 임팩트가 일어나 급여를 높일 수 있죠. 이 2차 임팩트, 혹은 스킬 붙이기는 '이직'을 통해 계속 쌓아나갈 수 있습니다. 그러다 보면 어느새 몸값이 높고 희소성 있는 기획자로서 부가가치 창출이 가능한 사업가가 되는 것입니다.

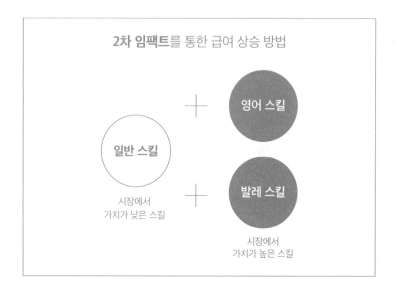

저는 식음료 회사에서 마케팅 기술을 익혔고, 광고회사에서는 비주얼 감각과 기획서 쓰는 방법을 익혔습니다. 출판을 하면서 에디터의 기술을, 유튜브에서는 영상편집 및 디자인 기술을, 스타트업에서는 페이스북 광고 스킬을 익혔습니다. 그러다 보니 어떤 클라이언트를 만나도 상대방은 제가 가진 기술에 큰 가치를 부여하고, 이에 따라 견적 금액이 달라졌습니다. 당연히 제가 할 수 있는 사업 영역도 넓어졌죠.

반면 제가 광고 기획자를 고수했다면 어땠을까요? 지금 광

돈 되는 기획

고 관련 일만 하고 있겠죠. 끝까지 광고 스킬을 연마했다면, 광고인을 바라보는 시장가치 100점 만점 중 100점에 부합했을 거예요. 그런데 저는 80점까지만 쌓은 뒤 영상편집 및 디자인 스킬을 쌓아 80점을 더했고, 거기에 '에디터' 스킬 80점을 추가로 쌓았습니다. 저는 이제 전통적인 광고 AE라고 말할 수는 없지만, 제 시장가치는 100점이 아닌 240점이 됐습니다. 이 방식이 아니었다면 현재 우리 회사에서 운영하는 10만 회원의 교육 플랫폼도 탄생하지 못했을 것이고, 이렇게 책을 쓰고 있지도 못했을 겁니다.

이직을 할 때는 이 2차 임팩트를 위해 내가 궁극적으로 그리는 모습을 꾸준히 시뮬레이션 하면서 그 스킬을 쌓아가야 합니다. 비록 정확하지 않아도 자신이 그리는 기획자의 모습을 상상하고, 상상 속에서 그 모습을 구체화하는 작업이 반드시 필요한 것이죠. 요즘 이상적인 기획자, 사업가의 모습은 '한 가지를 잘하는 사람'에서 점점 벗어나고 있습니다. 전통적인 업종의 틀을 탈피해서 다른 업종과 융합할 수 있는 사람은 앞으로 점차 귀한 대접을 받을 것입니다. 영업 한 가지만 기가 막히게 하는 사람보다는 영업도 잘하고 향수도 제조할 수 있는 사람이 더 낫고, 영업도 잘하고 향수도 제조할 수 있는 사람보다는 영업도 잘하고 향수도 제조할 수 있고 영어도 잘하는 사람의 시장가치가 훨씬 높아진다는 말입니다.

특정 업계에서 승부를 보겠다고 결정했다고 해도 마찬가지입니다. 이런 경우에도 현재 몸담고 있는 업계와 관련이 없는 스킬을 취득하는 것이 정말 중요합니다. 흥미 있는 것이라면, 현재 종사하고 있는 업계와 전혀 관련이 없더라도 주저하지 말고 꼭 습득하세요. 그 스킬이 당신의 미래가치를 100점 만점을 넘어 한계가 없는 사람으로 만들어줄 겁니다.

마지막으로, 기술을 배우는 것도 중요하지만 여기서 끝나면 절대 안 됩니다. 이 세상은 철저하게 공급과 수요라는 룰에 의해 돌아갑니다. 가령 유튜브를 하루에 2시간씩 본다면 2시간을 소비한 것이죠. 100일 동안 하루에 2시간씩 보기만 했다면 200시간을 소비한 것이고 공급한 것은 아무것도 없습니다. 그만큼 당신의 시간이 날아간 거죠. 무언가에 200시간을 소비했다면 준비과정까지 포함해 201시간을 공급하는 것이 이상적입니다. 그래야 무게의 균형추가 맞아 돈을 벌 수 있게 되죠.

스킬도 마찬가지입니다. 인풋만 하면 안 되고 반드시 아웃풋을 함께해야 합니다. 한 가지 스킬을 익혔다면 최소한 작은 외주 업무를 받아보거나 친구에게라도 그 스킬을 설명해보세요. 그런 경험들이 쌓여 여러분을 기획자로, 사업가로 만드는 겁니다. 어느 날 갑자기 '사업을 하고 싶다!'고 해서 사업을 시작할 수 있는 경우는 거의 없습니다. 먼저 이직을 통해, 부업을 통해 당신의 시장가치를 높여보세요.

4. 회사에 집착하는 순간 당신은 끝난다

앞서 직장을 다니면서 부업이나 이직을 통해 스킬을 닦으라고 했습니다. 가슴에 손을 얹고 한번 생각해봅시다. 회사원으로 끝까지 살아남는 것이 정말 창업보다 더 쉬울까요? 혹시 '나를 속이는 표현'에 세뇌돼 있는 건 아닌가요? 우리는 각종 미디어나 부모님으로부터 '공부 열심히 해서 대학을 나오고 좋은 회사에 들어가면 아름다운 삶을 살 수 있다'는 말을 귀에 못이 박히도록 들어왔습니다. 그래서 실상을 잘 알아보지도 않고 사는 건 아닌가요? 어쩌면 부모님 세대에서는 이 말이 사실이었을지도 모르죠.

물론 저도 사람들에게 대학을 나와 5년 정도는 좋은 회사에 다니라고 간곡히 권유합니다. 좋은 회사는 사회생활에 필요한 커뮤니케이션의 초석을 다질 수 있고, 계약서, 품의서, 인보이스 등 문서 작성법을 익힐 수 있으며, 좋은 선배에게 좋은 스킬을 전수받을 수 있는 곳이니까요. 무려 돈을 받아가면서 배울 수 있습니다. 어디까지나 회사가 본업이기 때문에, 편안한 마음으로 부업을 할 수 있어서 급하게 달려드는 것을 막아주기도 합니다.

회사원 출신 사업가와 일찍 창업한 사람만 놓고 본다면 저는 전자를 선호하는 편입니다. 회사를 다녀본 사람은 기본기가 잘 갖춰져 있고 상대방과 호흡을 맞출 줄 알거든요.

창업은 정말 어려운 것일까요? 회사원으로 살아남는 것보다 어려울까요? 그렇지 않습니다. 내가 가진 스킬에 스킬을 더해서 차근차근 능동적으로 일을 해나가다 보면 열리는 것이 창업입니다. 일에만 집중할 수 있는 환경이 무한히 열리는 것이 바로 창업입니다. 회사에서 신경 써야 하는 다양한 일들(인사평가, 회식, 출근시간, 진급, 팀워크, 결제)에 비해, 내가 할 수 있는 일에만 집중하면 되기 때문에 너무나도 쉬운 것이 창업입니다. 심지어 사업자등록증을 내고 초기 세팅을 하기까지 비용이 몇백만 원도 들지 않아요. '회사생활이 가장 안정적'이라는 생각으로 회사에 입사에서, 스킬도 쌓지 않고 공부도 하지 않고 '수동적'인 일들만 하다 보면 대부분 결국에는 실업자 신세가 될 겁니다.

뉴스에서 연일 '고령화' 사회에 대한 소식을 보도합니다. 나와는 상관없는 일이라고 무시하고 살기에는, 고령화 사회는 눈앞의 현실이죠. 쉽게 말해 고령화 사회란 젊은이 1명이 부양해야 할 노인이 증가하고 있는 사회를 뜻합니다. 과거에는 젊은이 10명이 노인 1명을 부양하는 시스템이었다면, 이제는 젊은이 1명이 점점 많은 노인을 부양해야 하는 거죠. 관련 뉴스는 간단히 검색해도 수백 개 이상 쏟아집니다. 고령화 사회가 된다면 어떻게 될까요? 당신이 버는 돈에서 노인을 부양해야 하는 만큼의 돈이 빠져나가겠죠. 예를 들어 월급이 500만 원이라면 세금으로 250만 원을 내야 할 상황이 올 수도 있다는 말입니다.

문제는 이뿐이 아닙니다. 고령화는 국력의 저하로 이어지고,

실행 가능한 사업도 큰 제한을 받습니다. 단순히 노인과 젊은이의 소비 패턴만 비교해 봐도 이해가 빠를 겁니다. 고령화는 확정된 미래이며, 점점 사업하기 어려운 세상으로의 진입은 기정사실입니다. 시간이 없습니다. 지금부터 사업을 시작해서 자기만의 시장을 만들어놓지 않으면 나중엔 나눠 먹을 파이 자체가 작아져서 먹어도 배고픈 상황이 올 수 있습니다.

그럼 그냥 회사를 다니면 되지 않느냐고요? 회사는 위험을 느끼는 즉시 당신을 해고할 겁니다. 아니면 AI나 기계를 도입해 인력을 줄이는 노력을 하겠죠. 상부에서는 벌써 이런 노력을 아주 열심히 하고 있습니다. 회사는 어려우면 채용부터 줄입니다. 회사는 살아야 한다는 욕구가 매우 강한 생물이기 때문에 잉여 인력부터 해고합니다. 고용을 하더라도 당신이 아니라 노동력이 조금이라도 더 싼 외국인 노동자를 택할 겁니다.

제 이야기의 포인트는 2가지입니다. 첫째, 고령화 시대는 피할 수 없는 시대의 흐름이다. 둘째, 빨리 사업을 시작해야 한다. 선점해야 하니까요.

많은 사람들이 우리 회사는 절대로 사람을 안 자른다는 착각을 합니다. 하지만 '해고'는 어떤 형태로든 우리 주변에서 굉장히 빈번하게 일어납니다. 산업혁명 이전을 생각해보세요. 공장에 사람이 한가득이었어요. 공장에서 사람들이 모든 것을 일일이 손으로 만들던 시절이 있었습니다. 그러다 자동화 시스템이 도입되면서 많은 사람들이 일자리를 잃었죠. 1,000명이 하던 일을 100명이 하게 되면 900명은 자연히 일자리를 잃게 됩니다.

이제는 우리가 익히 아는 AI가 우리를 위협하고 있습니다. AI 자체가 사람을 대신해 자동으로 일을 하는 시스템을 의미하고, 어떤 면에선 사람보다 훨씬 빠르고 정확하게 일을 할 수 있잖아요. 아직 먼 미래의 일이라고요? 큰 착각입니다. 그렇게 방심하다 어느 순간 직격탄을 맞게 될 날이 옵니다. AI가 본격적으로 도입되면 어떤 일이 벌어질까요? 공장 자동화와는 차원이 다른 대량 해고가 밀어닥칠 겁니다. 2017년 골드만 삭스에서는 컴퓨터 자동 거래 소프트웨어가 도입되면서 당시 600명이던 주식 트레이더들이 2명만 남고 전원 해고됐습니다.

정부에서 아무리 기업에 '직원들의 정년을 보장하라'고 제도적 장치를 마련하고 큰소리를 내 봤자, 자본주의의 기본적인 시스템과 시대의 흐름을 거역할 수는 없습니다. 그러니까 '대기업에 있으면 어떻게든 되겠지', '정리해고는 나랑 상관없는 일이야'라고 안심하면 안 됩니다. 절대 방심하지 말고, 공부하고 스킬을 쌓고 부업을 하면서 호시탐탐 기획자로 사업을 꾸려나갈 머리를 굴리세요. 아무런 준비 없이 해고되면 정말 대책 없는 현실이 펼쳐집니다. 그때 가서 뒤늦게 사업을 준비하고 기획을 해 봐야 마음속에 똬리를 튼 '조급함'이라는 씨앗 때문에 일이 잘 될 리 없습니다. '미리 준비하자!'라는 말을 머릿속에 꼭 새겨두세요.

5. 부업의 종류와 방법

　새로운 일을 하려면 지금 하고 있는 일을 정리하고 온전히 몰입해야 한다고 생각하십니까? 이런 생각은 굉장히 위험합니다. 리스크를 크게 안고 갈수록 크게 흔들릴 수 있기 때문이죠. 차라리 부업으로 시작하세요. 그리고 내가 가진 여러 개의 씨앗을 화분에 각각 심어 모두 천천히 키워보고, 그중 잘 자라는 화분을 살려 관심을 점점 집중시키는 것이 좋습니다.

　간혹 부업할 시간이 없다고 하는 분도 있는데, 순전히 핑계입니다. 하루 24시간 중 회사에서 10시간을 보낸다 해도, 무려 14시간이나 남아 있습니다. 잠자는 시간을 빼도 부업할 시간은 충분합니다. "회사 다녀오면 녹초가 되어서 아무것도 못 하는데 무슨 부업을 합니까?"라고 반문한다면, 부업을 잘못 이해하고 있는 겁니다. 앞서도 말했지만 '워라밸'이란 본업과 부업의 균형을 맞추는 것입니다. 수동적인 업무에서 오는 스트레스는 능동적인 일로 균형을 잡아야 해소됩니다. 그것이 올바른 처방이죠.

　앞서 말했지만 신입 시절, 저는 야근을 밥 먹듯이 하는 회사에서 근무하며 야간대학원을 다녔고 부업까지 했습니다. 반면 회사 생활만 하고 아무것도 하지 않은 적도 있습니다. 지금 생각해보면, 전자 쪽이 훨씬 더 에너지 넘치는 삶이었다고 확신합니다. 워라밸이 완벽한 시기였죠.

그렇다면 어떤 부업을 할 수 있을까요? 회사를 다니면서 할 수 있는 부업에는 크게 두 종류가 있습니다. '문제 해결형' 부업과 '취미형' 부업입니다. 문제 해결형 부업은 세상에 있는 불편함을 해결하는 사업 유형입니다. 다시 말해 불필요한 절차를 줄이거나 특정 부분의 불편을 해소하는 데 비용을 지불하게 하고 매출을 발생시키는 유형입니다.

예를 들어 전자 서명을 가능하게 하는 '도큐사인'이라는 회사는 오프라인으로 계약을 할 때 발생하는 간인, 우편발송, 분실, 보관 등의 불편한 절차를 해소해줍니다. '스트라이프'라는 기업은 온라인 사업을 하는 판매자들에게 매우 심플한 결제 API 솔루션을 제공하고 있습니다. 단 7줄 정도를 붙여 넣는 것으로 판매자는 자사몰, 자사 미디어인 온드미디어Owned Media에 쉽게 결제시스템을 구축할 수 있습니다. 이런 식으로 불편함뿐 아니라 비효율적인 문제, 사람들의 다양한 욕구를 해결해주는 것 모두 '문제 해결형'에 해당하는 부업입니다.

다만 이런 유형은 부업으로 하기가 쉽지 않아요. 이런 유형의 스타트업을 만들려면 생각보다 큰돈이 필요하고, 인력은 물론 무엇보다 많은 시간을 투자해야 합니다. 이런 유형의 부업은 본업의 시간과 에너지를 빼앗을 확률이 큽니다. 부업이 성공하지 못하면 본업까지 타격을 입을 가능성이 높기 때문에 리스크가 큽니다. 그래서 부업으로는 부적절하죠.

이런 이유로 저는 '취미형' 부업을 제안합니다. 취미형 부업의 가장 큰 장점은 일단 큰 자본이 필요 없다는 것입니다. 특별히 대단한 걸 준비하지 않아도 지금 내가 가지고 있는 자산, 즉 취미를 바로 비즈니스로 연결시킬 수 있죠. 취미형 비즈니스는 내 '특기'나 '내가 잘하는 것'을 다른 사람에게 제공하면서 매출을 발생시키는 사업 유형입니다. 부업이라는 것 자체가 본업에서 이미 내가 먹고 살 수 있는 최소한의 돈을 번다는 뜻이기 때문에, '돈'에 연연하며 스트레스를 받지 않아도 된다는 장점이 있습니다.

저는 사업가이자 기획자입니다. 그게 제 직업이죠. 저는 'PPT 강사'가 아닙니다. 그러나 광고회사를 오래 다니면서 자연스럽게 'PPT' 제작 기술을 습득했고 그것이 제 자산이 됐습니다. 저에게는 PPT를 활용하는 것이 취미형 부업의 주제로 굉장히 적절했던 거죠. 그래서 큰 준비 없이 당장 시작할 수 있는 이 분야로 취미형 부업을 시작한 것입니다.

애초에 큰돈을 벌 생각은 아니었습니다. 하지만 결과는 기대 이상이었습니다. '페이퍼로지'라는 제 유튜브 채널은 현재 동영상 수십 개만으로 구독자를 9만 명 넘게 확보했고, 덕분에 본업과 충돌하지 않는 시간 내에서 온/오프라인 특강을 진행할 수 있었습니다. 유튜브 활동을 꾸준히 함으로써 이 채널을 통해 국내 최고의 온라인 강의 플랫폼에서 '기획'을 주제로 온라인 강의도 론칭할 수 있었죠. 지금은 본업보다 더 많은 수익을 내는 달도 있습니다.

요리를 좋아하는 분이라면 저와 마찬가지로 요리에 대한 여러분의 경험과 지적 자산을 활용할 수 있습니다. 그것을 영상으로 만들어서 내보내고, 국내외 다른 채널들을 참고하고 흉내 내세요. 이 활동들을 지속적으로 하기만 하면 됩니다. 편집을 할 줄 모른다고요? 현재 잘나가는 유튜버 중에 처음부터 편집을 잘하던 사람은 얼마 없을 겁니다. 저도 마찬가지고요. 기본적인 편집은 그리 어렵지 않습니다. 금방 배울 수 있어요.

이런 식으로 반복하다 보면, 크든 작든 무조건 부업으로 돈을 벌기 시작할 겁니다. 언젠가는 부업으로 벌어들이는 수익이 본업의 수익에 근접하거나 뛰어넘는 순간이 옵니다. 생각보다 금방 올 수도 있고요. 그에 비해 급여는 노동시간 투입 대비 그리 높지가 않습니다. 부업을 본업으로 발전시킬지, 아니면 계속해서 부업으로 할 것인지는 부업의 수익이 본업에 근접하거나 뛰어넘는 순간이 왔을 때 고민해도 늦지 않습니다.

다시 요리 이야기로 돌아가 보죠. 취미가 요리라면 요리에 대한 자신만의 노하우와 철학이 몸과 마음에 배어 있을 겁니다. 그 콘텐츠들을 가능한 모든 형태의 SNS, 즉 유튜브, 네이버블로그, 인스타그램, 트위터 등에 꾸준히 포스팅하세요. "난 유튜브만 할 거야!", "난 네이버 블로그만 할 거야!" 같은 발상은 전혀 도움이 되지 않습니다. SNS에 지식을 풀어내는 것은 돈이 드는 일은 아니기 때문에 초기에는 최대한 많은 매체에 공개하는 것이 좋습니다. 모든 사람이 유튜브에서만 성공하는 건 아니니까요. 유튜브는 잘되는데 블로그는 잘 안 되는 사람이 있고, 인스타그램은 잘되는데 유튜브 성적이 저조한 사람도 있습니다. 사람마다 각자 맞는 채널이 있는데, 해보기 전까지는 뭐가 맞는지 알 수 없어요. 그러니 초반부터 특정 매체를 고집할 필요는 없습니다.

여기서 중요한 사실은, 동영상 플랫폼인 유튜브조차도 콘텐츠의 초안은 '글'의 형태라는 것입니다. 글을 먼저 쓰고 그것을 토대로 영상을 만드는 것이 올바른 순서예요. 그리고 영상을 제작하다 보면 관련 스틸컷이 굉장히 많이 나옵니다. 이 말은 '글, 사진, 영상'이 실은 하나로 이어져 있다는 걸 의미합니다. 이런 맥락에서 본다면 "블로그, 인스타그램, 유튜브를 동시에 하면 시간이 너무 많이 들지 않을까요?"라는 질문은 틀린 질문입니다. 글, 사진, 영상은 제작 과정에서 서로 연결된 콘텐츠 형태이기 때문에, 원하는 어떤 형태로든 나올 수 있습니다.

몇 달 몇 년 동안 내내 블로그, 인스타그램, 유튜브 등을 전부 하라는 말이 아닙니다. 아마 조금만 해봐도 내가 어느 매체와 가장 잘 맞는지 바로 파악이 가능할 거예요. 구독자나 유저들의 반응, 숫자로 나오는 데이터로 알 수 있으니까요.

만약 '영상' 콘텐츠가 가장 큰 리액션을 얻는다면 그때부터는 유튜브에만 집중해도 됩니다. 최종적으로 유튜브에 정착했다면 이제 부업으로 벌어들인 돈으로 편집 플러그인을 구매하거나, 마이크나 카메라를 업그레이드하면서 본인의 채널에 투자하세요. 투자를 해야만 채널이 커지니까요. 채널이 성장하는데도 질 낮은 마이크를 계속해서 쓰거나 편집 레벨을 업그레이드하지 않으면 바로 정체기가 옵니다.

다시 한번 말하지만, 부업으로 삼기에 가장 좋은 것은 현재 '자산'으로 가지고 있는 것입니다. 나중에 배우고 싶은 것보다는 지금 바로 써먹을 수 있는 것, 체화돼 있는 것으로 콘텐츠를 만들어야 합니다. 그 이유는 바로 '지속성' 때문입니다. 저는 'PPT 제작'이 당시 제가 자신 있는 분야였기 때문에 콘텐츠가 고갈될 염려 없이 계속해서 이어나갈 수 있었습니다. 하지만 '요리'나 '게임' 콘텐츠가 유행한다거나 시장이 크다고 해서 제가 잘 알지도 못하는 분야를 다뤘다면 어땠을까요? 전문성을 인정받지 못했을 뿐 아니라 영상을 '지속적으로' 올리기 어려웠을 거예요.

6. 부업을 위한 유튜브 운영 방법

당신의 관심 분야에서 활약하는 수많은 유명 유튜브 채널들은 모두 당신의 교과서입니다. 국내외 가릴 것 없이, 이 교과서를 철저하게 베껴도 됩니다. 똑같이 베끼라는 말이 아니라, 그 구조를 학습하고 응용해서 당신만의 색깔을 넣으라는 것입니다. 관심 채널의 단점을 분석하고 장점을 모아 당신만의 채널을 만드세요. 그리고 계속 피드백을 받고 개선해나가면 됩니다.

중요한 것은 초창기에 너무 큰 이익을 기대하지 말아야 한다는 점입니다. '조급함'은 모든 것을 망칩니다. 인간은 어떤 일을 했을 때 당장 보상받고 싶어 하는 욕구가 있습니다. 그러나 첫술에 배부른 일은 이 세상에 없습니다. 저도 유튜브를 처음 시작했을 때는 월 10만 원도 벌지 못했습니다. 그러나 지금은 채널 수익 및 거기서 파생하는 부차적인 수입(강의, 인세 등)을 포함해 부업으로만 월 2,000만 원 이상을 벌고 있습니다. 가장 많이 벌 때는 부업으로만 월 4,000만 원을 버는 경우도 있습니다. 처음에는 수익이 없어도 괜찮습니다. 수익에 연연하지 말고, 먼저 시장에서 가치를 인정받을 수 있는 정보를 계속해서 만들어나가는 것에 집중하세요. 그러다 보면 수익으로 보상받는 날이 생각보다 금방 옵니다. 장담하건대 이것은 얼마든지 더 큰 비즈니스로 이어질 수 있습니다. 그때까지 포기하지 말고 계속해서 영상이나 글을 업로드해 여러분의 팬을 만들어나가세요.

유튜브 초창기에 대한 이야기를 좀 더 해보겠습니다. 이때는 무엇보다 '팬 관리'가 가장 중요합니다. 비단 유튜브뿐 아니라 부업을 목적으로 개설한 SNS 채널은 다 마찬가지입니다. 팬 관리가 거창한 일 같지만, 그래 봐야 대단히 힘든 건 없습니다. 먼저 스팸을 제외한 모든 댓글에 하트를 달고 감사의 마음을 표현한 대댓글을 달아주세요. 인격적인 비판이나 욕설이 아닌 이상 채널에 대해 안 좋은 이야기를 하더라도 절대 차단하거나 댓글을 삭제하지 마세요. 오히려 그것을 채널의 발전에 도움이 되는 유익한 논쟁으로 생각하고, 반박할 게 있으면 반박하고 받아들일 게 있으면 받아들이세요. 예의는 늘 갖춰야 합니다. 거슬리는 댓글을 자꾸 삭제하는 것은 채널에 좋은 영향을 끼치지도 않을뿐더러 장기적으로는 채널을 키울 수 없게 만듭니다. 좋은 말 해주는 사람만 곁에 남으면 건전한 토론이 불가능하고, 채널 발전에 한계가 찾아옵니다.

이 모든 과정은 CS$^{Customer\ Service}$에 대한 훈련이 될 수 있습니다. 현재 제가 운영하는 교육 플랫폼에도 하루에 약 30건의 CS 문의가 들어오는데, 고객들의 만족도가 굉장히 높습니다. 어떤 불만을 어떻게 보상해줘야 하는지 기준을 정하고, 매번 적절한 말투를 사용할 줄 알기 때문입니다. 그 기초는 모두 유튜브 댓글 관리를 하면서 훈련한 것입니다. 좋지 않은 피드백이 왔을 때 흔들리지 않고 반응하는 방법을 즉각적으로 찾아내는 것은 대단히 중요한 능력이며, 이는 훈련을 통해서만 가능합니다. 유튜브 댓글 관리처럼 좋은 트레이닝 시스템이 또 어디 있을까요?

또 중요한 것은 채널의 성격입니다. 제 채널은 초장기에 'PPT

기술'을 다루는 채널로 날카롭게 시장 포지셔닝을 하다 보니, 초기 성장이 비교적 빠르긴 했지만 PPT 시장 자체의 파이가 작아 추가 성장성이 보이지 않았습니다. 가장 잘나가는 유튜버가 20만도 안 되는 시장이죠. 그래서 중간중간 여러 시도를 해봤습니다. 예를 들어 '과학상식' 콘텐츠를 시도했는데, 결과는 참패였습니다. 제 구독자들은 'PPT'에 관심이 있어 모인 집단이었다는 사실을 놓친 겁니다. 과학상식을 알고 싶으면 다른 검증된 채널을 보겠죠. 제 채널의 팬이라면 어떤 영상이든 좋아해줄 거라고 착각한 것입니다.

채널이 빠르게 성장하지 않으면 누구나 이런 고민을 할 거예요. '이것저것' 해보는 거죠. 하지만 이것은 대개 부정적인 결과를 낳을 것입니다. 확장하는 것은 좋지만, 엉뚱한 방향은 금물입니다. 제 채널은 PPT를 시작으로 기획서, 기획, 말하기 등으로 확장했을 때는 채널에 좋은 영향을 끼쳤지만, 완전히 쌩뚱맞은 시도를 했을 때는 영락없이 결과가 나빴습니다. 그걸 계속 밀어붙이다 보면 기존 구독자들도 금방 떨어져나갈 거예요. 이런 착오는 부업임에도 불구하고 많은 돈을 벌고 싶다는 욕심에서 기인합니다. 그런 욕심이 없어야 묵묵히 내 채널의 성격을 지키면서 성장해나갈 수 있습니다. 유명한 셀럽이 아니라면 먼저 당신 자신을 스페셜리스트로 세상에 각인시키는 것이 중요합니다.

정보 전달을 목적으로 하는 채널이라면 구독자수나 조회수에 너무 연연하지 않아도 됩니다. 유튜브 채널은 크게 '예능형'과 '정보 전달형'으로 나뉩니다. 예능형은 유튜브 채널 안에서 승부를 보는 경향이 있습니다. 구독자수와 조회수가 얼마나 많은가가 채널의 지표가 된다고나 할까요. 수익의 대부분이 조회수에서 발생하기 때문에 계속해서 조회수를 우상향시키는 노력이 중요합니다. 반면 '정보 전달형' 특히 '기술'을 알려주는 채널은 생리적으로 조회수가 많이 나올 수 없습니다. 조회수에 집중하기보다 전문성을 보여주는 것이 더 중요합니다. 정보 전달형 채널은 예능형 채널과 비교해 외부의 업무들이 많이 들어오기 때문입니다. 대표적으로 강의나 출간 제의가 있습니다. 엑셀 채널을 운영한다고 가정하면, 각 기업의 교육 담당자는 해당 엑셀 채널의 조회수보다는 영상의 내용, 즉 전문성이나 댓글의 호응도를 더 중요하게 봅니다. 그런 영역에서 유리하게 운영하고 있다면 강의 의뢰도 많이 들어올 거예요. 그렇게 평판을 쌓아나가다 보면 조회수가 아쉽지 않을 정도로 많은 수익이 발생할 겁니다.

7. 다시 생각해도 글로벌

부업이나 사업 아이템을 기획할 때 반드시 고려해야 하는 것은 '글로벌'입니다. 어떤 기획을 하든지 그 그릇에 글로벌 확장성을 담고 있어야 한다는 말입니다. 우리 회사에서 운영하는 교육 플랫폼만 봐도 해외 결제 비중이 전체의 35%를 차지합니다. 애초에 기획할 때부터 두 부분을 염두에 두고 시작했죠.

첫째, 어느 나라 사람이 보더라도 배울 수 있는 만국 공통의 주제를 다루자.

둘째, 기술적으로는 IP 기반의 온드 미디어 채널을 만들어, 접속 국가에 맞게 각 국가에서 사용하는 언어와 자막이 최대한 현지 사이트처럼 보이게 하자.

몇십 개의 언어를 모두 다루는 것은 아니고, 우리의 교육 주제에 관심을 가질 만한 국가를 분석해 상위 4개 언어를 현지화해 적용했습니다. 우리 회사의 당면 목표는 현재 35%를 차지하고 있는 해외결제를 50% 이상으로 늘리는 것입니다.

왜 이렇게 할까요? 다름 아닌 '고령화 사회'에 대한 두려움 때문입니다. 현재 대한민국은 어느 나라 못지않게 급속도로 고령화 사회가 진행되고 있죠. 혹시 우리 회사가 직격탄을 맞지 않을까 두려웠습니다. 우리 플랫폼의 주요 고객이 20대였거든요. 20대 남녀가 무려 80%를 차지하고 있습니다. '앞으로 20대는 점점 줄어들 텐데… 그럼 어떻게 하지?'라는 두려움이 '그래, 대한민국뿐 아니라 전 세계 20대를 잡아보자!'로 변모하게 된 것입니다.

당신도 앞으로는 어떤 기획을 하든지 반드시 글로벌 마인드를 지녀야 합니다. 다소 과격하게 표현하자면 내수만 고집하는 사람은 점점 '바보 취급'을 받을지도 몰라요. 그렇다면 '글로벌 마인드'가 대체 뭘까요? 단순히 언어만 '번역'해놓은 것을 글로벌하다고 할 수 있을까요? 아닙니다. 문화와 속성은 완전히 대한민국에 국한돼 있는데, 번역만 해놨다고 해서 그게 즉각 매출로 이어지지는 않습니다. 한국 자체가 콘텐츠인 K-POP이나 한국 전통 음식은 예외로 해도요. 그게 아니라면 당신의 기획은 다른 나라 사람이 봐도 즉각적으로 이해돼야 하고, 이해를 넘어 해당 콘텐츠가 필요하다고 느껴져야 합니다. 그래야만 노출된 유저 중 N%가 구매 버튼까지 누르게 되겠죠. 해외에서 구매까지 이루어져야만 진짜 글로벌한 기획이라고 볼 수 있습니다.

이때 외국어를 못한다고 지레 겁을 먹을 필요는 없습니다. 우리 회사에서 하는 교육 플랫폼에는 10% 정도의 대만 고객이 있습니다. 결제에 적극적인 대만 고객이 꽤 높은 비중을 차지하죠. 저도 직접 부딪히며 알게 된 사실인데, 대만 고객은 다른 국가 대비 1:1 문의를 적극적으로 이용하는 편입니다. 궁금한 것이 많고, 또 질문도 많이 합니다. 일본 고객과 비교해 봐도 CS 문의가 들어오는 수치가 2배 이상 차이가 납니다. 문제는 제가 대만 언어, 즉 중국어 번체에 대해 전혀 알지 못한다는 겁니다. 하지만 대만 언어를 모른다는 이유로 겁을 먹고 대만 고객을 배제하지 않았어요. 오히려 적극적으로 유치했죠.

놀랍게도 그들과의 커뮤니케이션에는 아무 문제가 없습니다. 간단합니다. 대만 고객이 1:1 문의를 통해 대화를 시도하면 저는 '파파고' 같은 번역기를 이용해 의미를 파악합니다. 문의는 텍스트로 들어오고 공통 주제를 다루기 때문에, 번역기를 이용하면 고객이 원하는 것을 100%까지는 아니더라도 본질은 무조건 파악할 수 있습니다. 회신할 때도 마찬가지로 한국어로 답을 작성한 뒤 번역기에 돌립니다. 물론 회신 맨 아래에 "언어가 서투른 점 양해 부탁드립니다. 혹시 제 말이 이해가 안 가면 언제든 알려주세요"라는 말을 남기죠. 대부분은 "모두 이해가 갔으며 큰 도움이 되었다. 확인해줘서 고맙다"고 회신을 보냅니다.

우리 회사에서 중국어 번체를 구사할 줄 아는 사람은 없습니다. 중요한 건 언어를 장벽으로 생각하지 않는 마인드였습니다. "문의가 들어오면 번역기에 돌려보면 되지 뭐!"라는 대담함, 이것도 일종의 '글로벌 마인드'인 것이죠.

어디서나 '글로벌 인재가 되는 것이 중요하다'고 말하지만, 그 방법을 제대로 가르쳐주는 곳은 별로 없습니다. 초, 중, 고등학교를 거치며 받는 의무교육 자체가 글로벌 인재를 키울 수 있는 커리큘럼이 아닙니다. 그 교육의 틀 자체가 '공업시대'에 만들어진 생산교육이거든요. 공업시대에는 시키는 대로 잘 해내는 것을 가장 큰 미덕으로 보았습니다. 하지만 지금 같은 시대에 기획을 하고 부업을 하고 사업을 하려면, 스스로 구조를 파괴하고 상황에 따라 잘 대처해나가는 순발력을 길러야 합니다. 앞으로는 점점 더 글로벌 기획, 글로벌 인재가 아니면 살아남을 수 없는 환경이 될 겁니다. 지금부터 글로벌 기획을 하고 글로벌 인재가 될 수 있는 가장 좋은 방법 2가지를 제안하겠습니다.

첫째, 외국어입니다. 외국어는 영어와 비영어로 구분해서 설명하겠습니다. 영어는 기본적으로 할 줄 알아야 합니다. 사업을 하게 되면 생각보다 영어를 쓸 일이 많습니다. 영어를 할 줄 아는 기획자는 그렇지 않은 기획자보다 월등히 많은 정보와 기회를 얻을 수 있죠. 영어 실력 향상을 위해 제가 강력하게 추천하는 방법은 '영화 한 편을 골라서 대본 외우기'입니다. 2시간짜리 영화를 한 편 골라서, 그 영화를 보며 동시에 대사를 칠 수 있는 수준까지 반복해서 보고 듣고 따라하는 겁니다. 요즘은 구글에서 스크립트도 쉽게 구할 수 있어요. 저도 원래 영어를 잘하는 사람이 아니었는데, 이 방법으로 영화를 하나씩 마스터하고 난 뒤에는 따로 공부하지 않고도 토플 IBT, 토익, 토익스피킹에서 만점에 가까운 점수를 받았습니다.

물론 영화를 선정할 때 기준이 있습니다. 하나, 액션영화는 피합니다. 액션영화에는 실생활에서 쓰는 진짜 표현들이 잘 나오지 않기 때문입니다. 둘, 미국식 영어와 영국식 영어가 같이 나오는 영화를 고릅니다. 우리는 미국식 영어에 익숙하지만, 이 세상에는 미국식 영어만 있는 게 아니므로 영국식 영어도 접하는 것이 좋습니다. 셋, 좋아하는 영화를 고릅니다. 영화 한 편을 통째로 외우려면 그 영화를 수십 번, 많게는 수백 번 봐야 합니다(저는 300번 정도 봤습니다). 그러니까 아무리 봐도 질리지 않을 영화, 정말 좋아하는 영화를 골라야겠죠.

저는 〈그 여자 작사 그 남자 작곡Music & Lyrics〉이라는 영화를 선택했습니다. 남자 주인공인 휴 그랜트는 영국식 영어를, 여자 주인공인 드류 베리모어는 미국식 영어를 구사하는 영화였죠. 게다가 음악을 주제로 한 영화였기 때문에 비교적 질리지 않고 볼 수 있었습니다. 네이티브가 아닌 사람으로서 '영화 한 편'으로 대사를 통째로 외우는 것이 영어학원이나 동영상 강의보다 낫습니다. 집중한다면 시간은 6개월 정도 걸립니다. 6개월 만에 영어로 듣고 말하는 데 문제가 없어진다면 투자할 만하지 않습니까?

다음은 비영어, 즉 제2외국어입니다. 꾸준히 흥미를 가지고 배울 수 있는 제2외국어를 선택해서 최대한 빨리(지금 당장), 그리고 꾸준히 배우세요. 어떤 언어를 배워야 할지 모르겠다, 지금 특별히 끌리는 언어가 없다고 한다면 여러 언어를 다 배워보고 그중에 하나를 골라도 좋습니다. 아랍어, 일본어, 중국어, 러시아어 등, 어떤 언어든 괜찮습니다. '흥미'를 언급한 이유는 조금 전 좋아하는 영화를 골라야 한다고 말했던 것과 같은 맥락입니다. 언어를 배우는 최대 동기는 그 나라에 대한 '흥미'이기 때문입니다. 흥미가 떨어지면 해당 국가의 언어를 지속적으로 배우기 어렵고 결국 시간만 낭비하는 꼴이 됩니다. 적대감을 품고 있는 나라의 언어를 배우기 어려운 것처럼 말이죠.

저는 완벽하진 않지만 일본어에 능통합니다. 비즈니스로 의사소통하는 데 문제가 없는 정도죠. 제가 일본어를 선택하고 배운 이유는 다름 아닌 '학용품'에 대한 관심이었습니다. 어렸을 때부터 노트 필기를 좋아했기 때문에 자연스레 펜과 노트에 관심이 많았습니다. 어떤 브랜드에서 어떤 노트와 펜이 나오는지, 베스트셀러가 매년 어떻게 바뀌는지, 어떤 신제품이 출시됐는지, 눈에 보이는 건 전부 사서 써볼 정도로 관심이 많았죠. 긴자에 있는 '이토야'나 '로프트' 같은 문구 전문점에 들어가면 5시간 이상 시간 가는 줄 모르고 구경할 정도였습니다. 앞서 '평소의 습관'이 중요하다고 말했는데요. 저는 그동안 문구류에 상당량의 '평소의 시간'을 투자했기 때문에, 나중에 문구류 큐레이션숍을 내거나, 유튜브 채널 테마를 문구류로 확장시킬 때 분명 유리한 측면이 있다고 생각합니다.

문구류에 대한 단순한 관심은 '이 산업을 더 깊이 알고 싶다'라는 마음으로 바뀌게 되었고, 그러려면 언어가 필수라는 것을 깨달았습니다. 그래서 10년 넘게 일본어 실력을 갈고닦았죠. 일본어를 공부한 방식은 영어를 공부한 방식과 같습니다. 〈한자와 나오키〉라는 일본 드라마를 100번 이상 보면서, 같이 대사를 칠 수 있을 정도로 외웠습니다. 나중엔 드라마 보는 것이 피곤해져서 음원을 따로 추출하여 출퇴근길에 듣기도 했습니다. 그러다 보니 저도 모르는 사이, 일본과 '비즈니스'를 하는 것에 대한 막연한 두려움이 없어지더라고요.

바로 이 포인트 때문에 제2외국어를 추천합니다. 언어를 배우는 가장 중요한 2차 임팩트는 그 나라 사람들과 비즈니스를 하는 데 '막연한 두려움'이 없어진다는 것입니다. 이 나라 사람들이 무엇을 좋아하고 싫어하는지 파악할 수 있기 때문에 커뮤니케이션 중 실수가 줄어들고, 문서를 읽고 쓸 줄 알기 때문에 용기가 생기죠.

어떤 언어든 지속적으로 관심을 가질 수 있는 언어를 하나 선택해서, 언제 올지 모를 미래를 준비하세요. 배우려고 하는 언어에 평어와 존경어가 구분돼 있다면, 가능한 한 비즈니스에 어울리는 어법을 공부하는 게 훨씬 큰 도움이 됩니다. 단어를 암기할 때도 비즈니스 용어나 표현 위주로 학습해야 기획이나 비즈니스로 연결될 때 수월합니다.

글로벌 인재가 될 수 있는 두 번째 방법은 '직원'입니다. 사업 초기부터 직원을 많이 뽑고 그럴듯한 사무실을 얻는 것은 반대하지만, 언젠가 부업의 규모가 커지거나 개별 기획한 프로젝트들이 잘돼서 사업이 본격적으로 성장할 때는 직원이 필요할 수밖에 없습니다. 이때 반드시 '외국인' 직원을 고용하세요. 시선을 조금만 돌리면 외국인 직원을 고용하는 것은 어렵지 않습니다. 과거와 달리 한국에 외국인이 많이 살기도 하고, 유학생 수도 엄청나게 늘고 있기 때문에 외국인을 고용하기는 점점 쉬워질 것입니다.

우리 회사에서 맨 처음 고용한 직원도 '일본인'이었습니다. 저는 제 기획을 반드시 글로벌화해야 한다는 생각이 있었기 때문에, 제가 할 줄 아는 언어인 '일본어'를 모국어로 하는 일본인 직원을 뽑았습니다. 지금도 사업을 하는 동안 내린 수많은 결정 중에 가장 잘한 일이라고 생각합니다. 덕분에 수많은 글로벌 프로젝트를 해낼 수 있었죠.

외국인 채용의 장점은 첫 번째, 현지 시스템 활용도를 꼽을 수 있습니다. 이건 외국어 실력의 문제가 아닙니다. 제가 아무리 일본어를 완벽하게 구사해도, 일본에서 저는 외국인 신분이기 때문에 해외 사업을 할 때 수많은 제약에 부딪힐 수밖에 없습니다. 사업자 등록, 은행 이용, 공공기관, 비자, 기타 혜택 등에 관한 일을 원활하게 수행할 수 없죠. 하지만 외국인 직원이 있다면 도움을 받을 수 있습니다. 두 번째 장점은 현지인들과의 커뮤니케이션입니다. 나라마다 조금씩 다르겠지만, 일본은 같은 국적의 업무 파트너에게 조금 더 안정감을 느끼는 경우가 많습니다. 일본인 직원이 있었기 때문에 한국인 제가 일본에서 할 수 없는 수많은 협업이 가능했습니다. 일본 출판사에 우리 회사 책을 지속적으로 수출했고, 나아가 일본에 출판사를 설립했으며, 약 150만 구독자 규모

돈 되는 기획

의 유튜브 채널도 만들 수 있었습니다. 만약 당신이 아랍권 사업을 하려 할 때 스스로 간단한 아랍어를 할 줄 알고, 아랍권 직원을 채용한다면 어떨까요? 당신의 기획은 날개를 단 듯 승승장구할 것입니다.

8. 부업으로 해야 할 일, 하지 말아야 할 일

단도직입적으로 말하자면, 지금 회사에서 하고 있는 일과 비슷한 일은 부업으로 하지 마십시오. 퇴사를 했다면 모를까, 현직에 있으면서 동종업계의 부업을 하면 많은 문제가 발생합니다. 먼저 관련 업체나 고객이 겹칠 수밖에 없습니다. 그러면 이해관계 충돌의 문제가 발생하고, 회사의 이익이 아닌 사익을 편취하게 되죠. 회사는 이런 부류의 부업을 가장 괘씸하게 생각합니다. 해고는 물론이고 앞으로 해당 업종으로 이직할 때 어려울 확률이 큽니다. 협력해야 하는 파트너들이 겹칠 수밖에 없기 때문에 회사에 당신이 부업을 하고 있다는 정보가 들어갈 확률도 높습니다.

이런 이유가 아니더라도 부업은 이직할 때와 마찬가지로 '스킬에 스킬을 더하는 식'으로 해나가는 편이 좋습니다. 이직할 때 기존 영역과 다른 업무로 이직하는 것이 좋다는 건 앞서 언급했습니다. 그래야 스킬에 스킬이 더해져 시장가치가 높아지니까요. 부업도 똑같습니다. 기존 영역과 다른 쪽으로 나아가는 편이 여러분의 5년 후를 생각하면 훨씬 낫습니다.

미팅이나 영업활동이 많이 필요한 부업도 피해야 합니다. 부업 때문에 회사에서 자리를 자주 비우다 보면, 본업과 부업 양쪽에 모두 악영향을 주게 되어서 이도저도 안 되는 상황이 발생합니다. 광고회사에 다닐 때 광고 쪽 부업을 한 적이 있습니다. 결론부터 말하자면 잠깐 하다 말았습니다. 광고업은 미팅이나 대면 프레젠테이션이 잦기 때문에 본업을 하면서 병행하기가 불가능에 가까웠어요. 무엇보다 이해충돌 문제 때문에 늘 마음이 편하지 않았습니다. 부업을 하는 이유 중 하나가 '워라밸'을 맞추기 위한 측면도 있는데 스트레스를 너무 많이 받으면 안 되잖아요? 최소한 발을 뻗고 잘 수는 있어야죠. 무엇보다 광고회사를 다니면서 광고를 부업으로 했기 때문에 당시 쌓고 있는 스킬과도 겹쳤습니다. 그래서 성장하는 느낌을 받지 못했죠.

당신이 관심을 둔 분야의 본업과 유사하지 않은 부업을 찾으세요. 미팅이나 영업에 시간과 에너지가 많이 드는 일이나 새로운 스킬을 쌓을 수 없는 부업도 피하세요. '수동적'인 직장생활 업무에서 받은 스트레스를 '능동적'으로 해결할 수 있는 부업을 고르세요. 그럼 분명 당신과 잘 맞고, 당신을 성장시킬 수 있는 부업을

돈 되는 기획

찾을 수 있을 겁니다.

이제 다음 장에서는 부업이 사업으로 이어지고, 사업이 기업이 되는 데 필요한 모든 기술적, 심리적 테크닉을 알아보겠습니다.

제7강

·

기획자의 사업

이번 챕터에서는 부업을 할 때 반드시 알고 있어야 할 크고 작은 비즈니스의 '룰'에 대해 자세히 알아보겠습니다. 일반적으로 부업은 '스몰비즈니스'라고도 하는데, 이는 '스타트업'과는 다릅니다. 벤처 투자자나 엔젤 투자자의 자금으로 운영되며 당장에 큰 수익은 없지만 이후 성공했을 때 많은 이익을 노리는 비즈니스를 스타트업이라고 부릅니다. 반면 자기 자본이나 은행대출금으로 최초의 비즈니스가 운영되며, 사업 초기부터 착실하게 이익을 얻을 수 있는 형태라면 이것은 스몰비즈니스입니다.

이 둘을 구분하는 여러 가지 요소가 더 있긴 하지만 가장 크게는 '자금 투입 주체가 누구인가'를 가지고 구분할 수 있습니다. 이 구분에 따르면 스타트업은 하이리스크 하이리턴형이라고 볼 수 있고, 스몰비즈니스는 리스크가 적은 대신 매출이 폭발적이지 않고 증폭하지 않는 경향이 있죠. 벤처 투자자는 리스크가 좀 크더라도 하이리턴을 원하기 때문에 스몰비즈니스에는 잘 투자하지 않는 경향이 있습니다. 반면 은행은 수익 예측이 희미한 것을 선호하지 않기 때문에 비교적 안정적으로 보이는 스몰비즈니스 쪽에 투자하는 경향이 있습니다. 스타트업과 스몰비지니스가 이런 차이가 있다는 것만 알면 충분합니다.

저는 당신이 실패 확률을 크게 줄여나가면서 안정적으로 돈을 벌었으면 좋겠어요. 그래서 먼저 회사에 들어가 비즈니스의 기초를 배운 뒤 부업을 하고, 부업을 창업으로 연결하는, 물 흐르

돈 되는 기획

는 듯한 트랜서핑을 강력히 제안하는 것입니다. 따라서 부업이나 사업이 초기 단계라면 스타트업이 아닌, 스몰비즈니스를 추천합니다. 온갖 미디어에서 항상 성공신화만을 앞다투어 보도하면서 '창업'에 대한 대중의 공포심을 키운다고 봅니다. '창업'이라고 하면 대표적인 스타트업, 예를 들어 '배달의 민족', '마켓컬리', '쿠팡' 같은 것을 자꾸 떠올리니까 생각이 확장되지 않고 몸이 움직이지 않는 거예요. 막막하거든요.

저는 제 주변에도 부업, 창업을 많이 권하는 편인데요. 그럴 때마다 "내가 어떻게 창업을 해, 나는 깜이 안 되는 사람이야"라는 대답이 자주 돌아옵니다. 심지어 회사를 잘 다니는 사람인데도 말입니다. 과연 회사를 다니는 것보다 창업이 더 어려울까요? 절대 그렇지 않습니다. 회사에 들어가는 게 훨씬 더 어렵죠. 창업은 자기가 하고 싶은 대로 하면 되잖아요. 미디어에서 말하는 창업의 성공신화는 말 그대로 신화입니다. 0.01%의 케이스와 자신을 비교할 필요가 없습니다.

우리가 알고 있는 창업으로 성공한 대부분의 회사 유형은 '스타트업'입니다. 하이리스크 하이리턴을 믿으며 오랫동안 수익 없이 버텼기 때문에 나중에 매출이 J커브를 그리며 성장할 수 있었던 겁니다. 그럼 어떻게 버텼을까요? 투자금이 있었기 때문이죠. 이런 식의 비즈니스는 대부분의 사람에게 적합하지 않아요. 투자를 받는 것도 쉽지 않을뿐더러 보통의 멘탈로는 수익 없이 버티기 어렵습니다. 중요한 건 99%가 실패한다는 사실이고요. 절대 이런 것에 현혹되면 안 됩니다. 확률적으로 '스타트업'보다는 '스몰비즈니스'가 성공할 확률이 훨씬 큽니다. 여기서 성공이라 함은 '안정적 매출'과 '팬'을 만들어 규모를 키워나가는 것을 말하죠.

개념 정리를 위해 스타트업이니 스몰비즈니스니 하는 것을 설명하고 있지만, 사실 이런 건 하나도 중요하지 않아요. 더 중요한 건 비즈니스가 돌아가는 원리입니다. 지금부터 부업과 창업을 묶어 '비즈니스'라 칭하겠습니다. 비즈니스는 바로 수요와 공급에 따라 돌아갑니다. 간단하죠. 당신이 지금 할 수 있는 일을, 그 일을 하지 못하는 사람이 돈을 주고 사는 것. 이게 수요과 공급이며 비즈니스의 단순한 원리입니다. 우리가 정기적으로 미용실에 가는 이유는 스스로 머리를 손질할 수 없어 돈을 주고 그 기술을 사는 것이죠. 디자인을 할 때는 디자이너에게 돈을 지불하고 일을 요청해야 합니다. 내가 디자인을 할 수 있는 기술이 없기 때문에 전문 디자이너에게 돈을 지불하고 요청하는 거죠. 이렇듯 수요와 공급으로 이루어져 있는 것이 바로 비즈니스입니다.

이때 "저는 디자인 기술도 없고 미용 능력도 없어요. 가지고 있는 기술이 없는데 어떻게 하나요?"라고 말하는 분들이 분명 있을 겁니다. 여기에서 2가지를 말하고 싶습니다. 첫째, 저는 이런 경우를 대비해서 계속 다른 분야로의 이직과 부업을 추천했습니다. 그래야 스킬에 스킬이 더해져 능력의 범위가 무한대로 늘어날 수 있으니까요. 둘째, 무엇을 팔 수 있느냐에 집중하는 것은 중요하지 않습니다. 그보다는 당신이 가지고 있는 것을 '어디에서 누구에게 팔 것이냐'가 더 중요합니다. 예를 들어 김치를 한국보다는 일본에서 더 비싸게 팔 수 있어요. 또 당신이 육상선수인데, 육상선수로서는 수익을 내기가 너무 힘든 상황이라고 해서 꼭 육상선수를 포기할 필요는 없습니다. 달리기는 당신이 가지고 있는 기술이기 때문에, 요가 클래스처럼 올바른 자세로 뛰는 방법을 가르쳐주는 러닝 클래스를 열 수 있습니다. 혹은 기업과 계약해서 달리기를 통해 주기적으로 회사 사람들의 건강을 증진시켜주는 트레이너가 될 수도 있어요.

당신이 지금 가지고 있는 것을 바꿀 필요는 없습니다. 부담 가질 필요 없어요. 어떤 기술이든 당신의 기술을 누구에게 팔 수 있는가 하는 생각의 전환만으로도 수요와 공급이 재창출되고, 비즈니스가 시작되는 겁니다. 그럼 지금부터 이러한 '스몰비즈니스'를 위한 룰을 설명하겠습니다. 이 룰을 알고 나면 당장 내일부터 당신도 부업과 창업을 시작할 수 있습니다.

1. 똑똑한 기획자는 비용을 아낀다

스몰비즈니스라면 우선 비용이 많이 투입되지 않는 구조를 만드는 것이 중요합니다. 다만 무자본이라는 건 없습니다. 그건 우리를 속이는 표현이고, 상식적으로 돈이 안 드는 사업은 있을 수 없어요. 그럼에도 초기단계라면 고정비든 변동비든 비용을 줄이는 게 좋습니다. 그래야 이익률이 높아지기 때문입니다. 지금부터 비용을 줄이는 몇 가지 방법을 제안하겠습니다.

먼저 비즈니스 모델에는 '매칭 모델'이라는 것이 있습니다. 어떤 공간의 쉬는 시간이나 죽어 있는 부분을 발견해 그곳에서 사업을 하는 방식입니다. 예를 들어 당신이 회사원인데 야간에 술집을 운영하고 싶다고 가정할게요. 당신이 마음에 든 어떤 지역에 저녁 8시까지만 영업하는 식당이 하나 있어요. 그럼 이 식당과 잘 협의해서 저녁 8시 이후부터 당신이 술집을 운영할 수 있습니다. 그러면 식당 입장에서도 야간 임대료라는 부수입이 들어오니까 임대료를 꽤 낮출 수 있어 좋겠죠.

또 다른 예로, 당신은 요가를 오랫동안 배웠고, 요가 클래스를 열고 싶습니다. 이때 꼭 본격적으로 큰 비용을 들여 스튜디오를 열기보다는 사찰 같은 공간을 활용할 수도 있습니다. 보통 사찰은 자연 깊숙이 경관이 좋은 곳에 있습니다. 무엇보다 조용하고 공간이 확 트인 여유 있는 곳에 자리하죠. 요가를 하는 분들에게는 더할 나위 없이 좋은 장소입니다. 그런 곳에 가서 요가 레슨을 할 수 있도록 제안해보세요. 레슨 동영상을 SNS에 올려 사찰을 홍보하고 비용도 지불하겠다고 하는 겁니다. 사찰에서도 남는 공간을 활용할 수 있으니 좋고, 요가 하는 분들께도 사찰과 같은 장소는 꿈에 그리던 장소이니 서로의 니즈가 잘 맞아 윈윈할 수 있는 전략이 될 것입니다.

어떤 개념인지 대략 이해가 되었으리라 생각합니다. 비즈니스를 시작할 때 무조건 나만의 거창한 사무실이나 가게, 직원, 장비가 있어야 한다는 생각은 결과적으로 무거운 짐이 됩니다. 아직 비즈니스의 정확한 방향이 잡혀 있지 않을 때야말로 몸을 가볍게 해야 하는 시기죠. 그래야 실수를 하더라도 빨리 개선할 수 있거든요. 모든 것을 갖춰놓고 비즈니스를 시작하면 '갖춤'에서 발생한 비용 생각이 머릿속에 침투해 움직임이 유연하지 않습니다.

이 방식은 반드시 오프라인에만 해당하는 건 아닙니다. 온라인에서도 가능하죠. 만약 신발을 팔고 싶다면, 스마트스토어나 오픈마켓을 판로로 활용하는 것은 굉장히 좋은 방식입니다. 그러나 오픈마켓의 세계에서 성공하는 사람 역시 상위 1%가 채 안 됩니다. 진입장벽이 낮을수록 돈 벌기가 수월하지 않다는 걸 잊어서는 안 됩니다. 이때 오픈마켓은 오픈마켓대로 진행하되, 어느 정도 인지도가 있는 기존 쇼핑몰에 입점해보세요. 만약 신발 전문 온라인숍에서 양말을 팔지 않는다면, 당신은 이곳에서 양말을 팔 수도 있겠죠. 온라인숍 측에서는 당신에게 임대료를 받거나 RS^{Revenue} ^{Share}(수익배분) 등을 통해 추가 수익을 얻을 수 있습니다. 당신의 양말은 많은 트래픽에 노출되는 효과를 얻을 수 있으니 더 많이 판매될 것이고요. 먼저 어떤 스킬이나 자산을 가지고 있는지 생각하고, 그것을 '어디에서 누구에게 팔 것인지'를 기획해보세요. 그것이 스몰비즈니스를 하는 기획자에게 매우 중요한 사고방식입니다.

2. 정의하는 순간 몸값이 싸지는 함정

당신은 스스로 어떤 일을 하는 사람인지 명확히 정의^{定義}할 수 있습니까? 내 직업에 대한 정의^{Job Description}가 남들에게 명확히 비춰지기를 바라나요? 그럼 내가 무엇을 하는 사람인지 명확히 정의할 수 있으면 좋겠다고 생각하는 이유는 무엇인가요? 이 부분 역시 우리를 속이는 표현입니다. 직업에 대한 정의가 명확할수록 좋았던 시대는 이미 끝난 지 오래입니다. 지금은 그것이 너무 명확하면 '그 일밖에 할 줄 모르는 사람'이 되어버리기 때문에, 회사에 입사할 때는 어떨지 몰라도 사업에서는 절대적으로 불리합니다.

예를 들어 한 사람의 직업이 '동영상 편집자'라고 하겠습니다. 그 사람이 편집자로서 할 수 있는 일은 누군가에게 동영상을 받

돈 되는 기획

아 '편집'하는 것입니다. 편집이라는 일은 이미 시세가 정해져 있어요. 그러니까 그 사람이 아무리 편집을 잘해도 정해진 시세 이상의 금액을 받기가 결코 쉽지 않다는 이야기입니다. 그럼 어떻게 해야 할까요? 그 사람은 편집뿐 아니라 기획, 촬영, 번역도 가능하고 채널 운영도 할 수 있어야 합니다. 그러면 그 사람은 '편집자'가 아닌 '미디어 컨설턴트'가 될 수 있습니다.

제 유튜브 채널은 처음에 'PPT 디자인'을 표방했기 때문에 많은 사람들이 저를 'PPT 디자이너'로 알고 있었습니다. 그러니 자연스럽게 PPT 디자인 의뢰가 들어왔죠. 편집자와 마찬가지로 PPT 디자인도 한 장에 얼마 이런 식으로 시세가 정해져 있어요. 이때 제가 적당히 타협했다면 지금은 아마 'PPT 디자이너'로 알려져 정해진 시세를 받고 일하는 노동자에서 벗어나지 못했을 겁니다. 하지만 저는 스스로를 정의할수록 몸값이 싸진다는 사실을 명확히 깨닫고, 어떻게든 PPT 디자이너라는 이미지에서 벗어나기 위해 노력했어요. 그게 사실이기도 하고요. 유튜브 테마를 PPT 디자인으로 잡은 것이지 제가 PPT 디자이너는 아니니까요.

저는 제 자신을 이렇게 포지셔닝 해나갔습니다. "저는 PPT 디자인도 잘하지만 기획서를 쓸 줄 알고 편집을 할 수 있으며, 영어와 일본어 번역이 가능하고, 작가이기도 하며 현재 회사를 운영하고 있는 사업가입니다. 그리고 저는 기획자입니다." 앞서 언급했듯이 PPT 디자인은 시세가 정해져 있지만 '기획자'의 시세는 정해져 있지 않습니다. 컨설팅 영역으로 넘어가기 때문에 몸값이나 시세가 무한히 올라가게 됩니다. 정말입니다. 만약 1시간을 일한다고 했을 때, '기획자'로 일하는 것이 'PPT 디자이너'로서 일하는 것보다 100배 이상의 수익을 벌어들입니다. 이런 의미에서 스킬에 스킬을 더하는 커리어가 중요합니다. 이러한 움직임이 당장은 불안해 보여도 결국 사업을 해야 하는 당신에게는 비교할 수 없을 만큼 큰 수익을 가져다줄 것입니다.

3. 기획자는 같은 걸 팔아도 밸류를 붙인다

업계에서 많은 쓰는 표현 중에 '프로덕트 마켓 핏^{Product Market Fit}'이라는 말이 있습니다. 내가 가진 제품으로 시장을 만들어나가는 것도 중요하지만, 고객이 원하고 필요로 하는 제품이나 서비스를 가지고 있어야 한다는 말입니다. 성공을 위해서는 기획자로서의 내 주장과 프로덕트 마켓 핏 사이의 '어떤 지점'을 위해 적절한 밸런스를 유지해야겠죠. 이 책에서 저는 '우선 초기 투자를 줄여 몸집을 줄여야 한다'고 누누이 강조했습니다. 그래야 몸이 가벼워서 프로덕트 마켓 핏을 받아들일 수 있거든요.

또한 '감각'을 길러야 합니다. 소비자 의견 청취, 설문조사도 도움이 되지만 이것만 맹신하면 안 됩니다. 결국 더 중요한 건 여러분의 센스, 즉 직감입니다. 이건 '평소의 시간'과 '노트 필기'로도 키울 수 있습니다. 그러니까 기획자라면 늘 몸이 가벼워야 하고 세상을 바라보는 센스가 있어야 합니다. 그래야 고객이 이탈하기 전, 미리 니즈를 파악해 적용시킬 수 있습니다. 같은 것을 팔아도 밸류Value를 붙이는 순간 시장 점유율이 높아집니다. 그렇게 되면 더 많은 고객이 찾게 되니 이윤도 점점 높아지죠.

고객이 '실제' 무엇에 대해서 가치를 느끼는지 이해하는 것은 정말 중요합니다. 비즈니스의 핵심이라고 봐도 과언이 아닙니다. 대표적인 예로 스타벅스를 들 수 있습니다. 스타벅스는 대한민국에서 커피를 가장 많이 파는 브랜드죠. 스타벅스를 그냥 단순히 카페로 볼 수 있을까요? 제가 다녔던 레오버넷이라는 회사에서 실험을 한 적이 있어요. 블라인드 테스트였죠. 소비자들을 모아놓고 맥도날드 커피와 스타벅스 커피의 브랜드를 가린 다음 시음을 했어요. 그런데 소비자들은 스타벅스 커피와 맥카페의 커피 맛을 구분하지 못했습니다. 이건 실제로 광고로 제작되어 방송되기도 했죠.

두 커피의 가격을 보면 스타벅스 커피가 최소 3배 이상 비싼데도 스타벅스가 훨씬 많이 팔렸습니다. 가리고 마시면 비슷할 정도로 커피의 퀄리티는 비슷한데도 불구하고 이렇게나 차이가 납니다. 왜 그럴까요? 이유는 간단합니다. 맥카페보다 스타벅스 커피에 더 많은 밸류가 있기 때문이에요. 스타벅스는 그걸 간파하고 장사하는 거죠. 스타벅스가 커피 맛으로 세계를 정복한 기업은 아니잖아요. 오히려 이 커피를 마시는 사람들이 스타벅스만의 밸류를 느낄 수 있게 하는 데 더 많은 노력을 기울이죠. 종이빨대를 가장 먼저 도입했고, 시즌별로 프리퀀시를 모으게 하고 굿즈를 소량 생산해서 품귀현상을 만들었으며, 사이렌 오더를 최초로 도입했고, 출근길에 드라이브 스루로 커피 주문이 가능하게 했어요. 계속 머무르고 싶은 매장 분위기, 하루 종일 죽치고 있어도 눈치 주지 않는 기업 정책 등 끊임없이 부가가치를 창출하기 위해 노력합니다. 딱 한마디로 정의하기는 어렵지만, 스타벅스 커피를 마시면 도시적이고 세련되며 앞서가고 지적이며 지구를 위해 솔선수범하는 이미지를 느끼게 하는 겁니다. 단지 커피맛 때문에 스타벅스가 문전성시를 이루는 게 아니라는 거예요.

저는 과거에 도미노피자 코리아 마케팅팀에서 일한 적이 있습니다. 도미노피자 역시 '밸류'를 정확하게 파악하고 있는 회사 중 하나예요. 제가 다녔을 때만 해도 대한민국에서 도미노피자의 점유율은 피자헛 외 경쟁 3사의 매출을 모두 합친 것보다 더 컸어요. 그만큼 압도적인 시장 점유율을 가지고 있었죠. 어떻게 그게 가능했을까요? 도미노피자의 맛이 타 브랜드보다 월등히 좋아서일까요? 그보다는 스타벅스와 마찬가지로 프로덕트 마켓 핏을 정확히 파악한 결과라고 생각합니다.

도미노피자는 3가지에 집중했어요. 첫째, 앞으로 피자는 '외식'이 아닌 배달음식으로 문화가 바뀔 것임을 정확히 간파했어요. 그래서 우후죽순으로 레스토랑 매장을 늘리던 피자헛, 미스터피자 등과는 달리 도미노피자는 배달 전문점을 전국에 거미줄처럼 배치했죠. 어차피 배달용 매장이었기 때문에 임대료가 비싼 곳에 자리 잡을 필요도 없었습니다. 이런 이유로 가맹점이 단숨에 늘어날 수 있었어요. 두 번째는 온라인 최적화였습니다. 온라인 주문 시대가 올 거라는 걸 정확하게 예측한 도미노피자는 어떤 브랜드보다 먼저 온라인 역량을 키웠어요. 어떻게 하면 최소한의 클릭으로 간편하게 주문할 수 있을지, 카드사나 페이사 등과 다양한 제휴를 통해 고객들에게 어떤 혜택을 줄 수 있을지 등을 치열하게 고민했습니다. 다른 피자 브랜드들이 전화로 주문을 받을 때, 도미노피자는 이미 온라인 주문 시스템을 완벽하게 구축해놓은 상태였죠. 세 번째는 가장 중요한 '30분 배달 시스템'이었습니다. 고객이 피자를 빨리 받길 원한다는 가치를 정확하게 파악했고 거기에 역량을 집중한 결과, 엄청난 시장점유율을 가질 수 있었던 거예요. 현재는 라이더의 안전을 이유로 30분 배달 정책은 공식적으로 폐지되었습니다만, 여전히 주문이 폭주하는 경우를 제외하고는 30분을 넘는 경우는 거의 없죠.

제가 다니는 크로스핏 짐이나 유도 도장도 예로 들 수 있습니다. 두 곳 모두 회원수가 상당히 많은 곳임에도, 코치들이 회원들 이름을 모두 외웁니다. 호명할 일이 있으면 "회원님" 이렇게 부르지 않고 "○○ 회원님" 이런 식으로 정확하게 이름을 불러요. 이런 사소한 부분 역시 고객이 원하는 밸류를 정확히 파악한 것으로 볼 수 있습니다. 그룹 형태의 운동일수록 개인을 챙겨준다는 느낌이 있어야 소외감이 들지 않거든요. 이런 부분에서 아쉬움을 느끼는 회원은 결국 1:1 피티 같은 다른 운동으로 넘어갈 수도 있습니다. 고객 이탈이 발생하는 거죠. 물론 고객에게 양질의 운동을 시켜주는 것이 본질이긴 합니다. 하지만 본질을 만족시킬 뿐만 아니라 고객들이 어떤 가치를 원하는지 파악하고 있기 때문에, 회비가 다른 곳보다 비싸도 회원 유치가 잘 되는 것이죠.

무엇을 팔든 '고객이 원하는 가치가 무엇일까'를 고민하는 것은 정말 중요합니다. 본질의 퀄리티는 기본적으로 좋되, 그것만 잘해서는 경쟁에서 우위를 점하기 힘들기 때문이죠. 반면 밸류를 잘 이용하는 사람은 매우 쉽게 우위를 점할 수 있습니다.

우리가 하는 스몰비즈니스는 스타벅스나 도미노피자의 사례처럼 꼭 거창해야 하는 것은 아닙니다. 예를 들어 미용실은 집과 달리 멋진 헤어스타일링이 가능합니다. 머리를 다 하고 결제하기 전 사람들은 본능적으로 뭘 하고 싶어 할까요? 그래요, 인스타용 사진을 찍고 싶을 겁니다. 그럼 일정 공간을 할애해 미용실 안에 스튜디오를 만들어놓는 겁니다. 예쁘게 보일 수 있는 조명도 추가하고요. 관광 명소를 운영한다면, 누구나 유튜브나 인스타 라이브를 할 수 있는 공간을 만드는 방법도 있습니다. 전망도 좋고 장비도 잘 갖춰놓은 스튜디오라면 더 좋겠죠. 이곳에 놀러 온 인플루언서도 촬영을 하고 싶어 하고, 관광지를 운영하는 측에서도 우리 장소가 노출되면 좋으니까 윈윈이죠.

본질을 갖춰 놓은 다음, 고객이 우리 서비스를 이용하는 저 너머에 있는 심리가 무엇일까 끊임없이 파악하고 개선하고 적용하는 것. 그것이 바로 밸류를 파는 비스니스 기술입니다.

4. 살아남는 기획자의 가격 설정 전략

당신의 기획은 살아남아야 합니다. 첫째도 살아남기, 둘째도 살아남기가 목표입니다. 이게 제일 중요해요. 그렇다면 살아남기 위해서 어떤 조건을 갖춰야 할까요? 바로 '적은 비용'과 '고이익'입니다. 둘 중 하나만 충족하면 되는 게 아니라 둘 다 충족해야 합니다. 7강 초입에서 스타트업과 스몰비즈니스의 차이점을 간략하게 설명했습니다. 스타트업은 생리상 독의 밑이 빠져 있는지 아닌지 상관없이 자금, 인력, 시간, 에너지를 쏟아부어야 합니다. 그렇게 서비스에 많은 고객을 유치한 다음 수익화 모델을 붙여 J커브로 돈을 버는 형태죠. 하지만 우리가 지금 접근하는 스몰비즈니스는 이와 다르기 때문에 스타트업과 같은 방식으로는 안 됩니다. 최소한의 자금을 투입해야 하고 즉각적인 수익을 내야 합니다.

팔고 싶은 상품의 가격은 어떻게 정할까요? 일반적으로는 팔고 싶은 상품이 결정되면 원가, 인건비, 유통비 등을 따져 최종적으로 상품의 가격을 결정합니다. 그런데 이보다는 '이익을 얼마나 남기고 싶은지'를 우선적으로 결정해야 합니다. 남기고 싶은 이익을 결정한 뒤, 그 이익에 맞는 상품을 선정하고 상품 가격을 선정하는 것이죠. 비즈니스를 통해 이익을 올리려면 반드시 이 전략을 써야 합니다. 선 상품 후 가격 결정 방식은 싸게 파는 것에 초점이 맞춰지기 때문에 팔고자 하는 상품에 부가가치를 만들어낼 수가 없습니다. 첫 접근부터 이윤이 많이 남지 않는 가격에 팔다 보니 나중에라도 밸류가 비집고 들어갈 공간이 없고, 경쟁사가 치킨 게임을 시작하면 같이하지 않을 수 없는 최악의 상황에 빠질 수도 있습니다.

또한 이 방식으로는 대기업 제품을 이길 수 없습니다. 대기업 제품이라는 게 뭔가요? 퀄리티가 최고 수준인 제품을 대량생

돈 되는 기획

산하여 저렴한 가격에 파는 것입니다. 그뿐 아니라 그간 쌓아놓은 브랜드의 힘이 있고 전국에 강력한 유통망이 있으며 인력도 마케팅 예산도 풍부하죠. 개인이 아무리 열심히 노력해도 같은 제품이라면 대기업보다 질 좋게 만들 수 없고, 더 싸게 팔 수도 없다는 말입니다. 노브랜드 햄버거 세트가 얼마인가요? NBB 오리지널 버거 세트는 4,700원입니다. 햄버거, 콜라, 감자튀김까지 나오는데 4,700원에 판매하고 있어요. 만약 우리가 아직 이름도 없는 햄버거 가게를 차리면 어떨까요? 같은 퀄리티라면 4,700원에 파는 것 자체가 불가능하겠죠. 이윤이 안 남으니까요. 설사 이 가격에 팔 수 있다 해도 노브랜드의 브랜드력, 마케팅력, 설비력을 이길 수 없습니다.

그렇다면 스몰비즈니스는 어떻게 해야 할까요? 방법은 간단합니다. 이 햄버거 세트를 4,700원이 아니라 10,000원에 파는 거예요. 그러면 이익이 많이 남을 테니 지속적으로 사업이 가능하겠죠. 문제는 어떻게 해야 햄버거 세트를 10,000원에 팔수 있느냐는 겁니다. 그냥 가격만 올려놓으면 당연히 팔리지 않을 겁니다. 옆집에서는 반값에 팔고 있는데 2배 비싼 햄버거를 누가 사먹겠습니까? 바로 이 부분에서 우리가 여태까지 공부한 '기획력'을 쏟아부어야 합니다. 햄버거 세트를 10,000원에 팔 수 있는 기획, 즉 밸류를 더하는 전략을 짜는 거예요.

어떻게 하면 좋을까요? 방법은 수천수만 가지가 있습니다.

예를 들어 햄버거를 감싸는 포장과 박스 디자인을 전에 없던 것으로 하거나, 캐릭터와 제휴를 맺어 한정판 스티커를 제공할 수도 있어요. 아예 햄버거 자체를 한정판으로 판매해도 되고요. 물론 그 안에는 스토리텔링이 있어야 하겠지만요. 언제든지 사용가능한 아이스 아메리카노 쿠폰을 제공하는 방법도 있습니다. 뭐가 되었든 그 가격에 햄버거를 판매할 수 있는 부가가치를 넣으면 됩니다. 그건 재미일 수도, 환경일 수도, 혜택일 수도 있겠죠.

상대성을 이용해 착시효과를 주는 것도 좋은 방법입니다. 이 정책은 꽤 많은 곳에서 사용되고 있지만 잘 인지하지 못하는 방법입니다. 의도적으로 고가의 제품을 배치하는 거죠. 팔기 위한 목적으로 고가의 제품을 배치하는 게 아니라, 주력으로 팔고 싶은 상품이 상대적으로 싸 보이게 하려고 '의도적'으로 배치하는 겁니다. 밸류가 포함된 10,000원짜리 햄버거 세트를 상대적으로 저렴하게 느끼게 하려면 어떻게 해야 할까요? 이를테면 '슈퍼유기농' 세트 메뉴를 준비해 25,000원에 판매하는 것입니다. 두 메뉴가 같은 공간에 있다면 10,000원짜리 햄버거 세트는 상대적으로 저렴하게 느껴지겠죠.

유리한 가격을 설정하는 또 한 가지 좋은 방법은 바로 '온리원Only one' 상품을 판매하는 거예요. 어떤 이유로든 경쟁사나 대기업이 쉽게 손댈 수 없는 상품을 판매하는 겁니다. 우리 회사의 교육 플랫폼이 좋은 예입니다. 우리 회사는 교육 플랫폼에서 성교

돈 되는 기획

육을 다루고 있어요. 기존 성교육과 다른 점이 있다면 바로 '어른들을 위한 성교육'이라는 점이죠. 행복하고 안전한 성생활을 표방한다는 점에서는 여느 성교육과 비슷하지만, '어른들'을 타깃으로 하다 보니 기존 성교육보다는 훨씬 상세하고 솔직한 내용을 다루고 있습니다. 주제가 주제이니만큼 대기업이나 수많은 기관들이 주주로 있는 유니콘 스타트업에서는 다루기 쉽지 않은 주제죠. 그뿐 아니라 우리 플랫폼은 경쟁사도 없어요. 규모가 크지는 않아도 '온리원' 카테고리에 들어가 있죠. 그러면 가격 설정의 자유가 생깁니다. 그러니까 우리가 제시하는 가격이 업계의 표준이 되는 거죠. 경쟁사가 없으니 무차별 할인 같은 치킨게임을 할 필요도 없습니다.

재미있게도 이것은 '상품 판매'가 아닌 '프리랜서'에게도 똑같이 적용할 수 있습니다. 프리랜서 경험이 많지 않은 경우 대개 '다른 사람보다 더 저렴하게 해야만 나한테 일을 주겠지?'라고 생각합니다. 하지만 이런 생각은 버려야 합니다. 노골적으로 말해서 어떤 일을 10만 원에 하면, 그 사람은 10만 원짜리 작업자로 낙인찍힙니다. 한번 '싸다'고 소문난 몸값은 올리기가 절대 쉽지 않아요. 프리랜서의 특성상 박리다매 스타일로 일을 해나가다 보면 오래 버티기가 쉽지 않습니다. 날마다 밤을 새워도 일은 끝나지 않고 체력은 바닥나는 악순환이 계속되면서 결국 몸이 망가집니다. 경쟁사 프리랜서보다 비용을 높게 책정하는 것에 대해 절대로 공포감을 가지지 마세요. "비싸긴 한데 역시 값어치가 있네"라는 소리를 듣는 편이 장기적으로 훨씬 많은 돈을 벌 수 있습니다.

어떻게 하냐고요? 지금까지 설명한 대로 작업물에 밸류를 더하면 됩니다. 디자이너라면 프리랜서 평균 금액보다 20% 정도 높은 가격을 제시해보세요. 대신 클라이언트에게 20% 이상의 값어치가 있는 어떤 밸류를 제시할까를 고민하면 됩니다. 예를 들어 최초 시안을 남들보다 더 많이 제시한다거나, 시안을 가지고 A/B 테스트를 진행한다거나, 감리를 봐주는 등 최종 결과물이 나오기 전까지 책임감 있게 마무리하는 거죠. 방법은 생각하기 나름이고 무궁무진합니다.

가격 설정 전략을 3가지로 정리해보겠습니다.

첫째, 팔고 싶은 상품을 선정한 뒤 원가를 계산해서 가격을 설정하지 말고, 남기고 싶은 이익을 먼저 결정한 뒤 그 이익에 맞는 상품을 선정하고 상품 가격을 결정하라.

둘째, 아무리 노력해도 대기업의 품질 대비 가격을 이길 수는 없으므로 절대 저렴한 가격으로 승부하지 마라.

셋째, 경쟁사가 쉽게 참여할 수 없는 '온리원' 영역으로 비즈니스를 하라.

이 3가지만 기억해도 당신은 굉장히 유리한 출발점에서 비즈니스를 시작할 수 있을 것입니다.

5. 브랜딩의 필수 요소: 가격을 올려라

'가격'이라는 건 수요와 공급의 철저한 지배를 받습니다. 물가가 계속해서 오르는데도 상품 가격이 계속 내려간다면, 그건 비즈니스 정책이 단단히 잘못되었거나 그 상품이 팔리지 않는 상품이라는 말과 같습니다. 혹은 상품 판매가 꾸준한데도 정책적으로 매년 할인율을 높이고 있다면, 그 상품이 점점 안 팔린다는 것을 만천하에 광고하는 것과 같습니다. 상품 판매량이 증가하면 반드시 가격을 올려야 합니다. 왜냐고요? 희소가치를 올리기 위해서예요. 브랜딩 차원에서 저가정책은 전혀 도움이 되지 않습니다.

휴대폰 케이스를 판매한다고 가정해보죠. 현재 휴대폰 케이스를 개당 10,000원에 팔고 있습니다. 그런데 품질이 좋고 예쁘다는 소문이 나서 점점 잘 팔려요. 이때 해야 할 일은 가격을 올리는 거예요. 가격을 올리면 한동안은 판매량이 주춤합니다. 바로 이 포인트 때문에 다들 가격을 올리길 두려워하죠. "지금 잘 팔리고 있는데 괜히 가격을 올려서 판매량이 떨어지면 어쩌지?" 물론 너무 급격하게 올려버리면 돌이킬 수 없는 저항에 부딪힐 수 있습니다. 그래도 가격은 올려야 합니다. 최소한 물가 상승률만큼이라도 올려야 합니다.

가격을 올리는 것은 브랜딩을 위한 필수 요소입니다. 가격을 올려서 잠깐 판매량이 떨어진다면 오히려 좋은 신호예요. 상품의 가치가 올라서 희소성이 생기기 시작했다는 것을 의미하거든요. 스몰비즈니스 형태일수록 상품의 가치를 최선을 다해 지켜내야 합니다. 그것이 유일한 경쟁 무기거든요. 가격을 내리는 식의 싸움으로는 시장의 공룡들을 절대 이길 수 없다고 누누이 강조했습니다. 가격을 올리면서 그만큼의 밸류를 더하는 노력을 이어가다 보면 소비자가 납득하게 되고, 다시 판매량이 증가하게 됩니다. 이 두 작업은 동시에 해야 합니다. 단지 가격만 올리는 게 아니라 그만큼의 부가가치를 창출해내야죠. 휴대폰 케이스라면 패키지라도 친환경으로 바꾸는 등의 노력을 하고, 그 과정을 반복해야 합니다.

우리 회사 교육 플랫폼도 분기별로 강의금액을 10%씩 인상하고 있습니다. 여기에는 2가지 의미가 있습니다. 첫째, 강의가 등록되자마자 구매한 고객들, 얼리어답터들에게 자연스럽게 혜택이 적용되죠. 시간이 지나면 가격이 오르니까 얼리어답터들은 강의를 저렴하게 구매하게 되는 거예요. 둘째, 시장에서 희소성을 인정받게 됩니다. 물론 우리는 더 좋은 강의를 위해 그만큼 투자를 하죠. 이렇게 되면 밸류가 높아지면서 가격이 상승하는 것이니 희소성과 매출이 동시에 증가합니다.

"상품의 판매량이 올라갈수록 구매 고객을 줄이기 위해 가격을 올리고, 올린 가격을 고객이 납득할 수 있도록 부가가치를 지속적으로 추가해야 한다."

기억하세요. 이것이 스몰비즈니스를 하는 사람들에게는 시장에서 살아남을 수 있는 굉장히 중요한 전략입니다. 이때 부가가치를 올리기 위해 해야 할 일이 바로 '기획'입니다. 고객이 가격 인상을 납득할 수 있도록 끊임없이 부가가치를 올릴 수 있는 기획을 해야죠.

그다음 필요한 것은 기획의 '빠른 실행'입니다. 스몰비즈니스가 대기업과의 경쟁에서 살아남으려면 속도전을 펼칠 수밖에 없습니다. 스몰비즈니스인데 실행력이 떨어진다면, 답이 없죠. 스몰비즈니스가 가질 수 있는 거의 유일한 장점이 속도인데, 엉덩이가 무거우면 안 됩니다. 스몰비즈니스를 운영하며 대기업을 흉내 내는 분들이 더러 있습니다. 절대 좋은 방법이 아닙니다. 충분한 회의를 거치고 충분한 파일럿 테스트를 한 뒤 본격적으로 움직인다? 그건 큰 기업이 회사를 운영하는 방식이에요. 대기업 방식을 쓰면 안 됩니다. 이렇게 밸류를 더해야겠다고 결정했으면 바로 실행해야 합니다.

사업에 가치를 더해주는 '기획'은 역시 '평소의 시간'을 통해 쌓을 수 있습니다. 많은 사람들이 이런저런 서비스를 이용하며 살아갑니다. 예를 들어 배달음식을 시켰는데 정성스럽게 쓴 손편지와 내용에 마음이 움직였다면, 당신도 바로 실행하면 됩니다. 어떤 식당에 갔는데 물 대신 질 좋은 우롱차가 깔끔한 각얼음과 함께 나오는 게 너무 인상 깊었다면 이 역시 바로 실행해볼 수 있습니다. 혹은 가방을 둘 데가 없어서 바닥에 놨더니 점원이 놀라며

바구니를 제공해준 일에 감동을 받았다면, 내 사업에 적용해보면 됩니다. 고객을 감동시킬 수 있는 기획에는 대소가 없습니다. 사소한 것은 사소한 대로, 큰 것은 큰 것대로 고객을 감동시키죠. 평소에 '가치'를 느꼈던 순간, 가치를 느껴 내가 쓰는 돈이 아깝지 않다고 생각했던 순간이 있으면 잘 기록해두었다가 내 상황에 맞게 꺼내 쓰는 겁니다.

6. 마케팅 비용 '0원'으로 매출 늘리기

우리 회사는 다양한 기획들을 비즈니스화하는 방식으로 일합니다. 그런데 놀랍게도 마케팅 비용은 '0원'입니다. 온드미디어인 교육플랫폼도 10만 명의 유료회원을 모으기까지 마케팅 비용을 단 1원도 지출하지 않았어요. 엄청나죠? 마케팅비를 쓰지 않는다는 것은, 그 돈이 고스란히 수익이 된다는 의미입니다. 언젠가 비슷한 업종의 재무제표를 볼 기회가 있었는데요. 월 매출이 1억에, 마케팅비가 9,800만 원이었어요. 콘텐츠 제작비와 인건비까지 따지면 매출이 1억인데도 매달 적자를 보는 상황인거죠. 저는 마케팅비를 왜 이렇게 많이 지출하느냐고 물었어요. 그랬더니 마케팅비를 지출하지 않은 달의 데이터를 보여줬는데, 놀랍게도 매출이 거의 0원에 가까웠습니다. 본인도 마케팅비를 쓰고 싶지 않지만 안 쓰면 매출이 없으니까 이러지도 저러지도 못하는 상황이었던 거죠.

그럼 우리 회사는 어떻게 마케팅비를 하나도 안 쓰면서 매출을 우상향시킬 수 있었을까요? 그 답은 바로 '미디어'에 있습니다. 이 이야기는 6강에서 다룬 내용과도 일맥상통합니다. 자신이 어떤 자산을 가지고 있는지 잘 생각해서 부업의 형태로 '미디어'를 먼저 시작하는 게 좋다고 말했습니다. 그리고 유튜브건 네이버 블로그건 상관없이 여러 가지 SNS를 동시다발적으로 운영하다 가장 효율이 좋은 채널에 집중하라고 했습니다. 저도 그렇게 했습니다. 플랫폼을 론칭하기 전 미디어의 중요성을 깨닫고 제가 가진 자산을 모두 활용해서 유튜브부터 시작한 거죠. 현재 우리 회사 소속 유튜브 채널은 도합 약 150만 명의 구독자를 보유하고 있습니다. 플랫폼을 론칭하는 데 광고비를 태울 필요가 전혀 없었죠. 우리가 갖고 있는 플랫폼만 활용해도 몇백만 명한테 지속적으로 홍보할 수 있으니까요.

비즈니스를 먼저 론칭하고 뒤늦게 SNS 채널을 오픈하는 분들이 많습니다. 그런 채널은 티가 많이 나요. 채널에 온통 매장 소개, 제품 소개 같은 상업적 콘텐츠가 넘쳐나죠. 그런 채널은 구독이나 즐겨찾기를 해놓는 경우가 많지 않습니다. 이런 채널은 알고리즘상 확장되기 힘듭니다. 그러다 보면 비용을 들여 광고를 하기 시작하고 악순환이 반복됩니다. 페이스북, 구글한테만 좋은 일이죠. 광고 집행이 쓸모없는 일이라는 말은 아니에요. 광고가 필요한 순간이 분명히 있지만, '광고비'는 줄일수록 여러분의 수익이 됩니다. 무조건 줄일수록 좋습니다. 잘 만들어진 미디어 채널은 10명의 마케팅팀 부럽지 않은 역할을 해낼 겁니다.

이 책을 읽는 지금, 미디어를 먼저 만들어놓지 않은 채 비즈니스를 시작한 분들이 있을 겁니다. 그런 분들을 위해 브랜드 SNS 채널을 운영할 때 염두에 두어야 할 점을 설명하겠습니다. 잘나가는 브랜드 채널을 잘 살펴보면 공통점이 있습니다. 브랜드 채널임에도 광고를 잘 하지 않는다는 겁니다. 광고 대신 예능을 하거나, 아니면 고퀄리티의 정보를 전달하죠. 심지어 어느 브랜드에서 운영하는 채널인지 아예 숨겨놓는 경우도 있습니다. 굉장히 바람직한 방향입니다. 어떤 인테리어 회사는 좁아터진 원룸을 밝고 화사하고 넓어 보이게 바꿔가는 과정을 보여줍니다. 그게 본인들 일이기도 하면서 콘텐츠가 되니까 상당히 좋은 케이스죠. 다이어트 식품 판매 회사에서 운영하는 유튜브는 다이어트와 운동에 대한 꿀팁들을 제공하면서 굉장한 조회수를 뽑아내고 있기도 해요. 시청자들은 다이어트에 대한 정보를 얻으니 좋고, 회사 입장에서도 높은 조회수를 통해 온드미디어로 유입되니 좋죠.

유튜브 시장은 크게 예능과 정보전달 시장으로 나뉩니다. 내 비즈니스가 어떤 것에 좀 더 부합하는지 잘 판단해서 성격을 명확

돈 되는 기획

히 해야 합니다. 그렇다고 꼭 이분법적으로 나눠야 하는 건 아니에요. 정보전달도 예능 형식으로 할 수 있으니까요. 중요한 건 채널을 운영할 때, 제품을 빨리 알리려는 조급한 마음을 없애야 한다는 겁니다. 그 순간 시청자는 본능적으로 이탈하고 당신의 채널을 다시 잘 보지 않게 되거든요. 시청 지속시간이 길어야 알고리즘이 당신의 영상을 확장시켜준다는 걸 기억하세요. 채널이 커지면 유입은 알아서 잘 된다는 것도 명심하세요.

브랜드 유튜브 콘텐츠 제작이 고민된다면 '클래스'를 활용하는 방법도 있습니다. 기타를 판매한다면 대중에게 기타 클래스를 열고, 초상권 허락을 받은 영상을 유튜브 채널에 꾸준히 올리세요. 수제 케이크 판매점을 한다면 수제 케이크 베이킹 클래스를 열고, 초상권 허락을 받은 영상을 유튜브 채널에 지속적으로 올리면 됩니다. 이런 방법의 장점은 바로 확장성이에요. 원래 운영하고 있는 케이크 가게의 매출에다 클래스를 유료로 연다면 그로 인한 수익이 추가됩니다. 그것을 유튜브에 올리면 유튜브 수익이 추가되죠. 또 이런 콘텐츠들이 유튜브에 노출됨으로써 신규 고객이 매장으로 유입되니, 마케팅 비용을 절감할 수 있습니다. 나아가 케이크만 판매하지 말고 베이킹 재료나 장비로 사업 분야를 확장할 수도 있습니다. 굉장히 중요한 포인트죠. 현재 가지고 있는 자산을 하나의 카테고리에 가둬놓지 않는 겁니다. 방금 제안한 수제 케이크 예시처럼 자산을 계속 덧붙이세요. 가게 운영에서 멈추

지 말고 클래스를 만들고 그것을 영상화해서 그 자체로 추가 수익
을 벌면서 마케팅 비용을 아낍니다. 그리고 여기서 자연스럽게 사
업 확장의 아이디어를 얻습니다. 이것이 바로 사업에 복리 개념
을 적용한 것입니다.

7. 기획자의 브랜딩

앞서 나만의 미디어를 먼저 만든 다음 비즈니스를 연결하면
마케팅비를 쓰지 않고도 굉장한 유입을 일으킬 수 있다고 했습니
다. 바로 이 나만의 미디어와 맞먹는 중요한 것이 '브랜딩'입니다.
이제부터는 브랜딩에 대한 이야기를 해볼까 합니다.

극단적으로 표현해서 상품의 브랜딩이 잘 되어 있다면, 마케
팅과 영업에 비용을 지출하지 않아도 됩니다. 이것만 봐도 브랜딩
은 누구나 해야 하는 필수 요소죠.

흔히 브랜딩이라고 하면 많은 사람들이 겁부터 먹습니다.
"내가 브랜딩 전문가가 아닌데 어떻게 하지?", "브랜딩은 아무
나 할 수 없는 영역 아닌가?"하는 고민을 하죠. 아닙니다. 브랜
딩은 아무나 할 수 있습니다. 자신감을 가지세요. 당신의 전문
영역이 재무건, 영상편집이건, 기획이건 상관없이 브랜딩을 가

장 잘할 수 있는 사람은 그 사업을 창조한 당신 자신입니다. 누구보다 상품에 대해 치열하게 많은 고민을 한 사람이고, 누구보다 잘 알고 있으니까요. 그런데 브랜딩이 없으면 늘 치열한 가격경쟁을 할 수 밖에 없어요. 의미 없는 가격경쟁을 하다 보면 서로에게 불리할 뿐입니다.

브랜딩은 다음과 같이 정의할 수 있습니다. 판매하는 상품의 이미지를 빈틈없이 단단하게 만들어가는 과정. 그러니까 어떤 상품을 떠올렸을 때 연상되는 긍정적인 이미지는 장점으로 극대화하고, 부정적인 이미지는 빠르게 개선해서 단점을 장점으로 바꾸는 일련의 과정을 브랜딩이라 할 수 있습니다. 그 과정에서 이미지가 단단해지고 빈틈이 없어지는 거죠.

브랜딩에 대한 한 가지 팁은 '객관적인 시선을 가지는 것'입니다. 객관적인 시선이란 다른 말로 하면 '바깥의 시선'이죠. 당신은 당신의 상품에 대해 누구보다 치열한 고민을 했기 때문에, 되레 그 상품에 있는 장점들을 잘 못 볼 수 있어요. "이 포인트는 별 것 아니지", "이건 누구나 다 하고 있는 건데, 뭐"라는 함정에 빠지기 쉽습니다. 소비자들은 굉장히 큰 장점으로 느낄 만한 요소인데도 그걸 큰 힘이라고 생각하지 못하고 넘겨 버리는 거죠. 이런 함정에 빠지지 않게 주의하는 것이 브랜딩에서는 핵심입니다. 혼자 고민하지 말고 외부인의 이야기를 많이 들어보세요. 외부인이란 조사를 목적으로 초청한 고객, 친구 등 다양한 분야의 사람들이 될 수 있습니다.

브랜딩과 마케팅의 차이점도 잘 알아야 합니다. 이 둘은 분명 다르니까요. 취업활동에 비유해보면 이해가 빠를 거예요. 마케팅은 "귀사에 입사하고 싶습니다"라고 말하면서 여러 회사를 타깃으로 나를 어필하는 행위예요. 취업 시즌에 여기저기 자소서와 이력서를 보내 "저를 뽑아주세요!"라고 외치는 행위죠. 역으로 브랜딩은 "우리 회사에 입사해주십시오"라고 제안하는 것입니다. "저는 이런 장점이 있으니 저를 뽑아주세요"라고 말하는 건 마케팅이고, 회사 쪽에서 "우리 회사에 와주세요"라고 하는 것이 브랜딩입니다.

이 상황을 그대로 상품 판매에 대입해본다면 어느 쪽이 비용과 시간을 줄일 수 있을까요? 당연히 브랜딩이죠. 실제로 브랜딩이 잘 되어 있는 상품과 그렇지 않은 상품은 분위기가 완전히 다릅니다. 브랜딩이 잘 되어 있는 상품은 뭔가 도도한 느낌을 풍깁니다. 수많은 명품 브랜드, 앞서 예를 들었던 스타벅스가 그러하죠. 이런 브랜드는 "30% 할인! 지금이 기회! 서두르세요!"라는 식으로 마케팅을 하지는 않으니까요.

지금 당장 회사와 상품에 브랜딩을 적용할 수 있는 몇 가지 가이드라인을 제안하겠습니다. 첫째, 코퍼레이트 컬러^{Corporate Color}입니다. 현대자동차 하면 '블루' 컬러가, 스타벅스 하면 '그린' 컬러가 떠오르죠. 이런 게 뭐가 중요하냐고 생각하면 안 됩니다. 비즈니스가 대표 색상을 선점하면 그만큼 연상 효과가 생기거든요. 예를 들어 학용품 판매 비즈니스에서 'A' 컬러를 선점했다면, 제품군을 늘리고 점유율을 높였을 때 어느새 'A' 컬러는 당신의 브랜드에 스며듭니다. 나중에는 A 컬러의 학용품만 봐도 '아, 이 기업 제품이구나' 하면서 브랜드를 연상시킬 수 있죠. 이 과정이 반복되면 회사 소개와 관련된 일차원적인 말을 점점 아낄 수 있습니다. 이미지로 연상되니까 굳이 구구절절 설명할 필요가 없어지는 거죠. 그럼 점점 다른 이야기를 할 수 있는 여지가 생깁니다. 코퍼레이트 컬러가 강력하게 밀착되어 있는 기업들의 광고물을 떠올려보면 워딩이 적다는 공통점이 있어요. 말을 많이 하지 않아도 괜찮은 거죠. 상품 판매에서는 '말'이 곧 '돈'이라고 보면 됩니다. 말을 많이 하고 싶으면 그만큼 많은 돈을 내야 해요.

둘째, 프로덕트 브랜딩입니다. 간단히 말해 '상품의 장점을 더 부각시킬 수 있는 패키지(포장)'라고 할 수 있습니다. 당장 편의점에 가서 몸을 가볍게 만들어주는 효능을 앞세우는 음료수 패키지를 살펴보세요. 다른 패키지보다 슬림할 겁니다. 소비자들은 여기서 좀 더 큰 효능감을 느낄 수 있겠죠. 유기농 재료를 강조하는 식품은 일반 비닐 포장이 아닌 재생지를 사용하는 경우가 많습니다. 이들 사이에 완벽한 상관관계가 있는 건 아니지만 연상되는 이미지로 따지면 분명 효과가 있습니다. 이런 것이 프로덕트 브랜딩입니다.

이 모든 것이 여러분이 내세우고자 하는 강점을 '말'이 아닌 '모습'으로 보여주는 방법이죠. 프로덕트 브랜딩이 없이는 차별화가 없습니다. 앞서 언급한 가격 정책과도 맞물리는데, 차별화가 없으면 결국 가격 경쟁의 개미지옥으로 빠질 수밖에 없습니다. 원료에서 큰 차별화를 얻을 수 있는 분들이 많지 않다는 사실은 저도 인정합니다. 음료수건 화장품이건 특정 회사에 위탁생산해서 판매하는 거니까요. 그만큼 프로덕트 브랜딩이 중요합니다. 그게 없으면 다 비슷비슷한 제품이 되어버리잖아요. 1+1으로 상품을 팔기보다 하나를 팔아도 더 많은 이윤을 남기고 싶은 마음은 누구나 마찬가지일 겁니다. 그렇기 때문에 더욱더 브랜딩을 간과하면 안 됩니다.

셋째, 카테고리 브랜딩입니다. 카테고리 브랜딩을 해야 하는 2가지 이유는 첫째, 경쟁사와 같은 링에서 싸우면서 불필요한 출혈 경쟁을 피하기 위함이고, 둘째는 "우리 상품은 경쟁사와는 다르다"고 주장하기 위함입니다. 게토레이는 이온음료이지만 스포츠음료로 카테고리 브랜딩을 했죠. 구글도 사실 가장 큰 매출을 차지하는 건 광고수익이지만 겉으로는 그렇게 말하지 않아요. 테크놀로지 기업으로 포장하죠.

카테고리 브랜딩에서 현실적으로 가장 간단한 방법은 바로 유통 방식의 변경이에요. 예를 들어 '노트'를 제작해 판매한다면 보통 문구점이나 서점에서 판매할 겁니다. 그 노트는 기존의 다른 노트들과 함께 배치돼 경쟁하게 되죠. 그런데 이 노트를 고급 아웃도어 브랜드 매장에서 콜라보 형태로 판매한다고 생각하면 느낌이 사뭇 달라집니다. 같은 노트라도 왠지 아웃도어 아이템 중 하나로 챙겨야 할 것 같은 인식을 심어줄 수 있죠.

과거에 저는 블랭크카드Blank Card라는 제품을 판매해본 적이 있어요. 말 그대로 양면이 비어 있는 카드입니다. 미국 생활을 할 때 단어 암기용으로 굉장히 유용하게 사용하던 제품인데, 한국에 없더라고요. 그래서 부업으로 이 카드를 론칭했고 당시 카테고리 브랜딩을 시도해서 큰 성공을 거뒀죠. 양면에 아무것도 쓰여 있지 않기 때문에 '책'보다는 '문구류'로 분류되는 게 상식입니다. 그런데 저는 도서 ISBN 코드를 받아서 서점 매대에서 팔았습니다. 소비자들에게 '당신이 채워가는 책, 당신이 채워가는 카드'라는 느낌을 주고 싶었죠. 이 상품에는 아무것도 쓰여 있지 않기 때문에 여러 매대에 진열할 수 있다는 장점이 있었습니다. 영어 카테고리, 청소년 학습 카테고리 등 다양한 매대에 진열돼 노출도 더 잘 되었어요. 자연스럽게 노트 회사와 경쟁을 피하면서 새로운 카테고리를 창출할 수 있었죠.

중요한 것은 '경쟁사와 저희는 달라요'라고 주장하는 것입니다. 그게 우리 브랜딩에 반드시 필요한 일이에요. 쓸데없는 경쟁으로 피를 흘리며 싸우려고 하지 말고, 상대방이 당신을 공격하지 않는 다른 링에 서는 것이죠.

제8강

기획자의 '미래'

1. 비즈니스의 성공을 이끄는 인맥 구축 방법

비즈니스에서의 인맥은 철저하게 '기브 앤드 테이크'로 이루어집니다. 상대방에게 100을 얻고 싶으면 나도 100을 줄 수 있는 사람이어야 한다는 거죠. 그래야 기브 앤드 테이크 등식이 성립하고 단순한 인맥에서 '관계'로 발전하니까요. 예를 들어 내가 상대에게 100을 줬는데 상대방은 아무것도 되돌려주지 않는다면 그 관계를 계속 유지할 수 있을까요? 반대의 경우도 마찬가지입니다. '마음만은 100을 주고 싶었다'라고 생각할 수도 있지만, 비즈니스는 사랑도 아니고 우정도 아닙니다. 마음이 아니라 실제로 100을 줄 수 있어야 해요.

재미있는 건 내가 100을 줄 수 있는 사람이 되면 노력하지 않아도 인맥이 저절로 생긴다는 거예요. 예를 들어 회사원이었을 때의 저와 사업가인 저만 비교해 봐도 인맥은 완전히 다릅니다. 인맥을 쌓기 위해서 많은 노력을 기울였냐고요? 그렇지 않습니다. 그저 현재의 제가 과거의 저보다는 누군가에게 도움이 되는 사람으로 인식되어 자연스럽게 인맥이 생긴 것 같습니다.

실명을 밝히지는 못하지만, 제가 유튜브를 막 시작했을 때 너무 좋아서 꼭 만나고 싶다고 연락했던 유튜버들이 있었어요. 당시에는 대부분 메일의 답장조차 오지 않았습니다. 그런데 우리 회사의 여러 채널들이 성장해 100만 구독자가 넘어가는 네트워크가 형성되자 먼저 연락이 오거나, 실제로 만나서 이런저런 프로젝트를 함께하는 일도 생겼습니다. 최소한 메일을 보내서 답장이 오지 않는 경우는 사라진 거죠.

이런 변화의 이유는 간단합니다. 무엇을 주고받을지 명확하지는 않지만, 어쨌든 서로 도움이 되는 관계라고 생각하기 때문이죠. 그럼 과거에 답장을 못 받았다는 걸 서운하게 생각해야 할까요? 절대 아닙니다. 어차피 우리의 하루는 24시간으로 정해져 있기 때문에 모든 사람에게 응답할 수는 없어요. 우선순위에 따라 응답하는 것은 너무도 당연하죠. 비즈니스니까요. 우리 스스로가 상대방의 우선순위 상위에 존재할 수 있게 만들면 됩니다. 인맥 쌓기를 목표로 하는 것보다는 내가 누군가에게 도움을 줄 수 있는 사람이 되는 게 인맥 형성의 지름길이라는 말입니다.

앞서 말한 인맥은 어느 정도 성공을 하고 난 후 만들 수 있는 비즈니스 인맥입니다. 이번에는 지금 당장 만들 수 있는 인맥에 대해서 추가로 설명하겠습니다. 인맥에 꼭 비즈니스 인맥만 존재하는 건 아니니까요.

먼저 '인간은 환경에 물드는 동물'입니다. 원래 주식투자에 관심이 없던 사람도 주변 사람들이 모두 관심을 가지고 하루 종일 그 이야기만 한다면 자연스럽게 관심을 가지게 됩니다. 또 친구들이 모두 운동에 열심히 몰두한다면 자연스럽게 운동에 관심을 가지게 되겠죠. 이런 식으로 사람은 주변 환경에 물드는 경우가 많습니다.

즉 어떤 목표가 있다면 먼저 환경을 바꾸는 것이 굉장히 중요합니다. 주변에 운동에는 관심 없고 음식과 술에 열광하는 사람들만 있다면, 그런 환경에서 운동에 관심을 가지기는 어려울 겁니다. '운동을 한번 해볼까'라고 생각하다가도 친구들이 술자리에 초대하거나 맛집 애기를 위주로 한다면 자연히 그런 분위기에 휩쓸릴 거예요. 술자리나 맛집이 나쁘다는 애기가 아니라, 애초에 운동이 목적이라면 그에 어울리는 환경은 아니라는 거죠. 반면 요가든 크로스핏이든 상관없이 운동 클럽에 가보면 운동에 굉장히 진심인 사람들이 많습니다. 운동을 장난 삼아 할 수 없게 만드는 분위기와 사람들에게 둘러싸인다면 영향을 받을 수밖에 없습니다.

창업을 목표로 한다고 가정해봅시다. 주변에 아직 부업 경험이 없는 회사원뿐이거나 창업에 대해 안 좋은 생각을 하고 있는 사람들만 있다면 어떨까요? 창업에 대한 어떤 고민을 털어놓는다 해도 돌아오는 피드백은 대부분 부정적일 확률이 높습니다. 물론 반대하는 이유는 실패하지 않았으면 하는 좋은 마음일 수도 있겠지만요. 반대하는 이유가 뭐든, 이런 환경은 사업을 하려는 사람에게 도움이 되지 않는 환경인 건 분명합니다. 이런 환경에 계속 노출돼 있으면 부업이든 사업이든 시작하기가 굉장히 어렵습니다.

마찬가지예요. 이럴 때는 부업 하는 사람, 사업하는 사람들을 곁에 두는 게 좋습니다. 정신적으로나 기술적으로 정말 많은 도움을 받을 수 있거든요. 특히 의식 수준이 높고 긍정적이면서 퀀텀 점프를 위해 본인만의 방식으로 노력하는 사람을 최대한 많이 곁에 두세요. 특히 자신만의 성공 패턴을 찾아 분석하고 그걸 실제로 루틴화하는 사람이 있으면 좋습니다. 성공을 분석하고 공부만 했던 사람이 아닌 실천에 옮긴 사람 말입니다.

더불어 비즈니스에 도움이 되지 않는 4가지 유형을 알아두는 것도 유용합니다. 첫째, '인맥 자랑형'입니다. "내가 누구를 아는데", "내가 누구랑 친한데" 이런 식으로 인맥을 늘어놓는 부류죠. 인맥을 자랑하는 이유가 뭘까요? 스스로 결핍감을 느끼기 때문에 다른 사람의 사회적 지위를 이용해서 돋보이고 싶은 심리죠. 본인 주도적 업무를 하지 않는 경향이 있기 때문에, 이런 사람들과 일을 하면 업무가 꼬이기 십상입니다.

둘째, 사회 경력은 없는데 돈을 많이 번 사람입니다. 6강에서 무조건 회사를 먼저 다니는 것이 좋고, 가능하면 좋은 회사를 다녀야 한다고 강조한 바 있습니다. 더 정확히 말하면 좋은 사수를 만나야 한다는 말이었죠. 이건 그와 같은 맥락이에요. 조직생활 경력이 없이 돈을 번 사람들 중에는 사고가 편협한 사람들이 더러 있습니다. 조직생활을 체험한 적이 없기 때문에 커뮤니케이션 능력이 다소 떨어지는 경향도 있고요. 가령 하지 말아야 하는 말을 한다거나, 사회에서 필요한 비즈니스 매너가 조금 부족할 수 있습니다.

셋째, '과도하게' 전화를 많이 하는 사람입니다. 저는 이런 사람을 전화중독자라고 표현하는데요. 전화에 과도하게 중독된 사람들과는 비즈니스를 하지 않는 게 좋습니다. 무엇보다 이런 유형의 사람들은 기록을 싫어하기 때문에 문서 대신 말로 모든 걸 해결하려 하죠. 이럴 때 고스란히 피해를 보는 건 다름 아닌 당신입니다. 게다가 이런 사람들은 십중팔구 문서를 만들 줄 모르는 경우도 있습니다. 문서를 만들어 남기는 것은 비즈니스에서 아주 중요한 부분인데, 이들은 문서를 제대로 만들 줄 모르기 때문에 메인 커뮤니케이션 수단을 자꾸 전화로 한정 짓는 경향이 있습니다. 또 기록을 하지 않기 때문에 어제 했던 말과 오늘 하는 말이 조금씩 달라집니다. 본인의 기억력을 맹신하기 때문에 디테일한 부분에서 사고가 터지기 일쑤죠.

마지막 네 번째는 타인에게 의존하는 사람입니다. 비즈니스에서 가장 중요한 것으로 '자생력'을 꼽을 수 있는데, 타인에 대한 의존도가 높을수록 자연히 자생력이 떨어질 수밖에 없습니다. 더 나쁜 것은 이런 성향이 '책임의 전가'로 이어지는 경우가 많다는 것입니다. 타인 의존형은 책임지기를 싫어합니다. 하지만 비즈니스는 태생적으로 책임을 양분하지 않고서는 이어질 수 없습니다. 한 사람이 모든 책임을 지는 구조는 건강하지 않아요.

지금까지 설명한 내용은 비즈니스에 국한된 인맥입니다. 순수하게 친구나 애인을 사귀는 데 앞서 말한 잣대를 들이댈 순 없죠. 아무쪼록 자신의 목적에 맞게 주변 환경을 잘 설정해서 조금 더 목적에 가깝게 다가갈 수 있는 사람이 되길 바랍니다. 인맥이라는 건, 여러분이 기브 앤드 테이크가 가능한 위치가 되면 알아서 저절로 생긴다는 것도 잊지 마세요.

2. 모두가 원하는 섹시한 회사는 경계하라

취업 활동을 하다 보면 '주변에 자랑하고 싶은 회사', 딱 봐도 화려하고 남들이 부러워할 것 같은 그런 화려한 회사들이 있습니다. 회사에 따라 천차만별이라 일반화하기는 어렵지만, 가능하면 그런 회사는 더 주의 깊게 알아보고 입사할 것을 권합니다.

'커리어'는 엄연히 자산의 한 종류입니다. 그런데 분야에 상관없이 자산에 '인적 자본'이 과도하게 투입되면 사람들의 노력 대비 보상이 억제될 수밖에 없어요. 다시 말해 '핫한 회사'에는 많은 사람들이 몰리고, 그러면 자연스럽게 노력 대비 얻을 수 있는 보상이 억제됩니다. 우리나라에도 그런 회사들이 많이 있어요. 겉보기에는 굉장히 화려하고 누구나 가고 싶어서 줄을 서지만, 조금만 자세히 알아보면 이직률이 엄청나고 회사의 영업이익은 심각하게 적자이며 퇴사자 후기마저 최악인 경우를 생각보다 흔하게 볼 수 있습니다. 매일 같이 환영식과 송별회가 벌어지는 느낌이라고나 할까요. 이런 회사에서 좋은 사수를 만날 수 있는 확률은 높지 않겠죠.

화려함에만 이끌려서 커리어를 함부로 시작하는 건 경계해야 합니다. 회사에 입사해서 적응한다는 것 자체가 많은 에너지를 소비하는 일일 뿐 아니라 시간도 많이 듭니다. 그런데 막상 입사해 보니 좋은 사수도 없고, '아 이건 아니구나'라는 생각이 들면 어떻게 합니까? 최대한 빨리 퇴사해서 손해를 줄이면 되지만, 어쨌든 타격을 입는 건 확실합니다.

회사에 입사할 때뿐 아니라 부업이나 창업도 마찬가지예요. 누가 봐도 매력적이고 화려해 보이는 비즈니스라면 훨씬 더 촉각을 곤두세우고 주의 깊게 알아본 뒤 시작해야 합니다. 그런 사업 분야에는 마찬가지로 인적 자본이 과도하게 투입되기 때문에, 투입한 비용 혹은 노력 대비 보상이 제대로 돌아오지 않을 확률이 매우 높습니다. 《스콧 교수의 인생경제학》이라는 책에서 저자 스콧 갤러웨이Scott Galloway는 "나는 왠지 좀 멋있어 보이는 것, 왠지 좀 섹시해 보이는 것에는 그게 무엇이든지 간에 투자를 잘 하지 않는다. 그런데 어떤 사업이나 분야가 너무 지루해서 혀 깨물고 죽고 싶은 느낌이 들면 그런 것에는 투자하는 편이다"라고 말했습니다. 언젠가 JP모건이 세계에서 가장 부유한 가족 300쌍을 초청한 적이 있었어요. 부자들이라면 테크나 금융회사를 운영하는 사람들이 대부분일 거라고 예상했는데, 여기에 모인 사람들 대부분이 철광업, 보험업, 살충제 사업으로 돈을 번 사람들이었다고 해요.

커리어를 쌓을 때 '화려한 회사'보다는 '좋은 사수가 있는 회사'로, '섹시해 보이는 회사'보다는 '내공이 튼튼한 회사'로 시선을 약간 돌려보는 건 어떨까요? 모두가 오른쪽으로 바라볼 때, 왼쪽으로 바라볼 줄 아는 사람이 유리한 고지를 점할 수 있거든요.

3. 업무를 시스템화하라

우리 회사의 시작은 광고회사였습니다. 클라이언트가 단 한 명만 있는 1인 기업으로 시작해서 이후 수십 명의 클라이언트가 생겼고, 여기에 제가 부업 때부터 운영해온 출판사업부를 붙여 규모를 키웠습니다. 페이퍼로지라는 제 유튜브를 시작으로 150만 명 이상의 구독자를 보유하고 있는 3개의 채널을 추가로 운영하며, 회원수 10만 명 이상의 교육플랫폼도 운영하고 있죠. 당연히 매출은 J커브를 그리며 성장했어요. 그런데 우리 회사는 약 5년간 사업이 이렇게 확장되는 과정에서 직원을 단 한 명도 추가로 채용하지 않았습니다. 일자리 창출 측면에서는 유감스러운 일이지만, 이렇게 사업부가 커지고 업무량이 많아지는 과정에서도 인력 충원이나 큰 추가 비용 없이 확장이 가능했다는 점을 강조하고 싶습니다. 어떻게 가능했을까요? 바로 사업이 '구조화'되어 있었기 때문입니다. 구조화라는 것은 많은 인력이 추가되지 않아도, 특별히 큰돈이 들지 않아도 얼마든지 사업을 확장하고 키울 수 있는 시스템을 의미합니다.

노동으로 돈을 버는 것이 굉장히 가치 있는 일인 것은 분명하지만 자본 증식과는 거리가 있습니다. '노동'은 내가 '투입한 시간에 정비례'해서 돈을 버는 것이고 시급으로 환산이 가능한 영역이죠. 그런데 사람이 하루에 아무리 일을 많이 한다고 해도 한계가 있잖아요. 또한 나이가 들면 노동시간은 필연적으로 줄어들 수밖에 없거든요.

누구나 처음에는 노동으로 돈을 벌죠. 하지만 장기적으로 가져야 할 목표는 '시간이 갈수록 노동 수익은 줄이고 시스템 수익으로 늘려나가야 한다'는 것입니다. 노동시간에 구애받지 않고 자본을 증식하기 위해, 최대한 적은 리스크로 부업과 사업을 시작해 점점 규모를 키우려면 반드시 '시스템화'가 필요합니다. 시스템화는 사업 속도와 수익성을 유지한 채 규모를 확장할 수 있는 유일한 방법이에요.

구조화되어 있는 비즈니스와 그렇지 않은 비즈니스의 차이점

돈 되는 기획

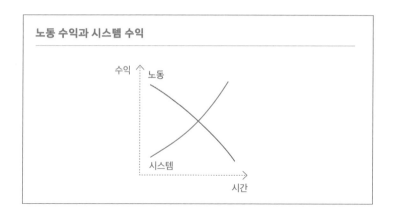

노동 수익과 시스템 수익

수익 / 노동

시스템

시간

은 다음과 같습니다. 구조화되어 있지 않은 비즈니스는 1,000만 원을 버는 일을 1명이 담당하고 있다가 수익이 늘지 않았는데도 일이 많아져 직원을 더 뽑는 식으로 운영됩니다. 그러면 이익은 1,000만 원으로 같은데 담당자가 1명에서 여러 명으로 늘기 때문에 효율이 50% 떨어지게 됩니다. 주변에 갑자기 어려워지는 회사들을 잘 살펴보면 대부분 이런 비효율적인 일이 반복되면서 그러한 결과가 발생합니다.

반면 구조화되어 있는 회사는 1,000만 원 버는 일을 1명이 담당합니다. 그러다가 일이 많아지면 업무의 간편화와 시스템화를 통해 계속해서 1명이 그 일을 담당할 수 있도록 유지합니다. 이것을 시스템 A라고 하겠습니다. 그 효율을 그대로 복사해 A-1, A-2를 만들어갑니다. 시스템 A의 성공 공식이 있기 때문에 A를 약간 변형한 시스템 B, 시스템 B-1, 시스템 B-2도 이어서 만들어나갈 수 있죠. 그 결과 1명이 그대로 1,000만 원을 벌고, 인원이 늘어 10명이 되면 각 1,000만 원씩 총 1억을 벌 수 있게 됩니다. 이런 회사는 단단하고 좋은 커브를 그리며 성장합니다.

시스템화는 마음만 먹으면 어려운 일이 아닙니다. 시스템화의 포인트는 '반복되는 업무를 단순화'하는 것, '비효율적인 업무를 효율적으로 만드는 것'입니다. 지금부터 단순하고 효율적인 업무를 가능하게 하기 위해 실천했던 저만의 크고 작은 방법들을 자세히 살펴보겠습니다.

첫째, 지금 우리 회사에서는 PPT 업무를 90% 이상 줄였습니다. 이런 NO PPT 문화가 우리 회사에 자리 잡은 지 약 2년 정도 됐습니다. 외부에 IR을 해야 하는 자리나, 많은 청중을 대상으로 하는 강연을 제외하고 PPT는 일체 제작하지 않습니다. 회사 소개서도 만들지 않습니다. 회사 소개를 요청하는 곳이 있으면, PPT가 아닌 링크를 보냅니다. 링크를 클릭하면 우리 회사가 실제 하고 있는 사업을 정확히 볼 수 있으니 굳이 소개서라는 중간단계를 만들 필요가 없다고 생각했습니다. 글을 보여줘야 하는 경우에는 워드, 숫자를 보여줘야 하는 경우에는 엑셀 정도만 사용하고 있습니다.

재미있는 건 이런 식으로 2년을 일하다 보니 효율이 극적으로 높아졌다는 사실입니다. '그동안 왜 그렇게 쓸데없이 많은 PPT를 만들었을까?' 하는 의문이 들 정도로요. 또 흥미로운 건 PPT

를 만들 때와 만들지 않았을 때를 비교해보면, PPT를 만들지 않은 기간에 매출이 비교도 안 될 만큼 많이 늘었다는 것입니다. 재미있죠? PPT를 만드는 이유는 궁극적으로 '더 많은 매출을 일으키기' 위해서였을 텐데 오히려 그 반대가 되었다니. PPT를 만들지 않으니 오히려 그만큼 많은 시간을 벌 수 있고 그 시간에 본질과 가까운 일들에 집중할 수 있었던 거죠. 지금 당신이 만들고 있는 PPT를 잘 생각해보세요. 한두 마디면 전달할 수 있는 일을 수십 장의 PPT로 만들고 있지는 않나요?

둘째, 명함입니다. 사소한 부분일지 모르지만 우리 회사는 명함을 제작하지 않은 지 꽤 되었습니다. 이것도 비즈니스의 행동 패턴을 유심히 관찰한 결과로 나온 변화였어요.

누군가를 만나고 명함을 주고받습니다. 돌아가서 명함관리 앱으로 사진을 찍습니다. 그다음 명함은 어딘가에 보관해두고 절대 다시 꺼내보지 않습니다.

저는 명함을 왜 인쇄해야 하는지 의문이 들었습니다. 명함을 인쇄하려면 인쇄소 홈페이지에 들어가서 명함을 신청하고, 종이 재질을 고민하고 결제한 뒤, 배송이 될 때까지 또 기다려야 하죠. 실물 명함 한 장을 얻기 위해 생각보다 많은 시간과 에너지가 들어갑니다. 시간과 에너지가 들어가는데도 결국 명함은 다시 디지털로 저장되잖아요. 그렇다면 중간 과정을 모조리 없애도 되겠다는 결론에 다다랐습니다.

명함을 인쇄하지 않으면 상대방에게 실례가 되지 않냐고요? 절대 그렇지 않습니다. 저는 명함 없이 수백 명의 사람들을 만났고, 단 한 번도 문제가 된 적이 없었습니다. 다만 명함을 두고 왔다는 오해를 불러일으키지 않도록 미리 설명을 합니다.

"우리 회사는 명함을 제작하지 않아서 디지털 이미지 명함밖에 없습니다. 만나서 인사드리기 전에 미리 명함을 보냅니다."

그리고 실제로 메일이나 메시지로 만나기 전에 미리 명함을 보내 놓습니다. 그럼 만나서 저만 명함을 받으면 되는 거예요. 간단하죠?

지금은 명함을 예로 설명했지만, 잘 생각해보면 우리는 이렇게 절차를 없애도 대세에 아무런 지장이 없는 일들을 정말 많이 하고 있습니다. 당신의 비즈니스를 한번 잘 생각해보세요. 명함 인쇄처럼 불필요한 일들이 몇 가지가 있는지 찾아보면 아마 수십 개는 나올 거예요. 그런 일을 줄이면 일주일에 하루를 더 일할 수 있을 정도로 시간을 벌 수 있습니다.

셋째, 업무의 매뉴얼화입니다. 클라이언트가 아무리 갑이라 해도 우리는 매뉴얼에서 벗어나는 업무는 절대로 하지 않습니다. 그것 때문에 우리랑 일을 하지 않는다 해도 상관없습니다. 한번 시스템화에 균열이 가기 시작하면, 그것을 되돌리기 위해 2배 이상의 시간과 에너지가 필요하거든요. 매뉴얼에서 벗어나는 일을 한다는 건 회사 입장에서 수익이 되는 일이 아닙니다. 그런 일을 반복하다 보면 자연히 직원들의 업무 효율에 균열이 가기 시작합니다. 회사를 위해서도 임직원을 위해서도 한 사람이 낼 수 있는 효율에 해가 되는 행동을 하면 안 됩니다. 매뉴얼에서 벗어나는 일을 응대하다 보면 끝이 없습니다. 그러다 보면 그 회사는 시스템화에 실패할 수밖에 없고 절대로 성장할 수 없습니다.

이 문제를 직원의 입장에서 생각해봅시다. 매뉴얼에서 벗어난 일을 응대하는 것은 해당 직원의 역량에 따라 결과가 크게 달라지는 일입니다. 그러면 자연스럽게 업무 능력에 따른 서열이 생기고, 무조건 소외되는 사람이 나올 수밖에 없습니다. 그 결과 '자신감'이라는 업무 외적인 이유로 업무 효율이 떨어지는 직원이 생기게 되죠. 끊임없는 악순환의 고리가 회사로 침투하는 겁니다. 아이러니하게도 응대력과 순발력이 좋아 클라이언트가 선호하는 직원이 생기는 것도 문제가 됩니다. 한 직원한테 업무가 몰리고, 그 직원은 남들보다 많은 일을 하는 것에 불만이 생길 수밖에 없습니다. 그러다 그 직원이 이직이라도 하게 되면 회사는 엄청난 타격을 입겠죠. 뭐 하나 좋을 게 없어요. 매뉴얼에 없는 걸 해주지 않는다고 떠나는 클라이언트는 그냥 떠나게 두세요. 우리가 하는 일에 자신이 있고 경쟁력이 있으면 우리와 맞는 클라이언트는 얼마든지 찾아옵니다.

넷째, 업무 그 자체의 시스템화입니다. 우리 회사도 현재 노동으로 버는 수익과 시스템화로 버는 수익이 공존합니다. 처음에는 그 비율이 9:1 정도였는데, 지금은 3:7 정도로 맞추었고, 궁극적으로는 1:9까지 조정하는 것이 장기적인 목표입니다. 회사에서 하는 업무 중 대부분을 시스템된 수익으로 만들겠다는 것이죠. 대표적으로, 여러 번 언급한 우리 회사의 '교육 플랫폼'을 들 수 있습니다. 이 플랫폼은 현재 우리 회사에 가장 큰 매출을 올려주는 녀석 중 하나예요. 모든 것이 자동화되어 있어서 크게 손이 안 갑니다. 주기적으로 강의 영상을 올리기만 하면 기존 고객과 신규 고객이 들어와서 원하는 강의를 구매해 수익이 발생합니다. 온라인 플랫폼이기 때문에 결제를 할 때 결제 담당 직원이 필요하지 않습니다. 사실상 무인점포라고 보면 됩니다.

게다가 우리가 판매하는 상품은 실물이 아닌 '영상'이기 때문에 배송이 필요 없죠. 그에 따른 재고 관리나 유통망 관리 같은 업무도 태생적으로 존재하지 않습니다. 이뿐인가요? 온라인상에 존재하기 때문에 주말이나 휴일 상관없이 24시간 돌아갑니다. 쉽게 말해 오류 대응과 고객 대응을 제외하면 아무 일을 하지 않아도 계속해서 수익이 발생한다는 말입니다. 사업이 완벽하게 시스템화되어 있기 때문에 가능한 일이에요.

마케팅에 인력이 필요하지 않느냐고요? 필요하지 않습니다. 앞서 설명한 대로 '유튜브 채널'을 선 구축해놓았기 때문에 마케팅 비용은 '0'원입니다. 사실 별도의 마케팅 활동도 해본 적이 없습니다. 유튜브 링크를 통해 유입된 고객들이 회원가입을 하고 결

돈 되는 기획

제하는 선순환 구조로 돌아가죠. 그 시간에 '고객에게 어떤 밸류를 줄 수 있을까' 같은 생산적인 고민을 할 수 있고, 고객이 느끼기에 그 밸류의 만족도가 충분하다면 가격을 올릴 수도 있습니다. 이렇게 구축 단계에서 조금만 더 신경을 쓰면 많은 부분을 시스템화할 수 있습니다. 이것이 기획입니다.

반면 비즈니스에서 기획이 빠져 버리면 그만한 부분을 노동으로 채워야 해요. 왜 사업에 기획이 필요하고 시스템화가 필요한지 이제 충분히 이해했으리라 믿습니다. 시스템화만 잘 되어 있으면 회사가 흔들릴 일은 없습니다. 시스템화가 잘 되어 있다는 말은 의존도가 낮다는 것을 의미합니다. 특정 클라이언트에게 의존하지 않고, 특정 직원에게 의존하지 않고, 특수 상황에 의존하지 않는 것이죠. 의존하지 않는다는 것을 꼭 기억해주세요. 의존하지 않으면 모든 것이 순조롭습니다.

4. 사업의 끝은 셀프 브랜딩

어떤 사업이든 영원한 것은 없습니다. 잘 팔리던 제품도 성숙기를 거치면 쇠퇴기에 접어드는 것이 순리입니다. 마지막으로, 이 순간을 위해 우리가 무엇을 해야 하는지 얘기해보겠습니다. 지금까지 설명한 내용을 복기해보자면, 먼저 회사에 입사합니다. 그리고 부업을 시작하죠. 적절한 타이밍에 그 부업을 수면 위로 올려 본격적으로 사업을 합니다. 여기까지가 지금까지 설명한 내용입니다. 이제부터는 이 사업이 쇠퇴기에 들어왔을 때 어떻게 해야 할지에 대해 이야기하겠습니다.

결론부터 말하자면 답은 '셀프 브랜딩'입니다. 왜 이걸 벌써 이야기하는지 궁금해하는 분들도 있을 텐데, 셀프 브랜딩이야말로 가장 오랜 준비 기간이 필요한 부분이기 때문이에요. 셀프 브랜딩은 사실상 은퇴 플랜입니다. 커리어는 시작되는 순간부터 쇠퇴기까지 계속해서 다듬어야 완성됩니다. 솔직히 당신은 은퇴를 꿈꾸고 있지 않습니까? 아무리 시스템화가 잘 되어 있는 사업이라도 평생 할 수 있습니까? 평생 일만 하다 죽을 수는 없죠. 하지만 수명이 기하급수적으로 늘어난 만큼 이제는 은퇴를 해도 수익이 없으면 살아갈 수 없게 되었습니다. 그동안 벌어놓은 돈을 주식, 가상화폐, 부동산 등에 투자해서 포트폴리오를 잘 짜놓았다고 해도 '안정적인 수익'의 유무는 삶의 질을 크게 좌우합니다. 셀프 브랜딩은 바로 이 순간을 위해 필요합니다.

먼저 셀프 브랜딩에 대해 정의를 내려보겠습니다. 당신이 지금 읽고 있는 이 책에는 제 커리어를 관통하는 모든 노하우가 담겨 있어요. 당신에게 도움이 되는 정보를 하나도 빠뜨리지 않으려고 최선을 다하고 있습니다. 저 개인에게도 이 책은 셀프 브랜

　　　　　　　　　　　　돈 되는 기획

딩의 일종입니다. 이 책을 통해 제 이름이 더 유명해지길 바라는 마음이 있는 거죠. 그리고 저는 운영하는 회사와 별개로 유튜브 채널을 운영하고 있습니다. 자주는 못 하지만 어떻게든 시간을 내서 영상을 올리고 있습니다. 그뿐 아니라 다른 채널에 게스트로 나가기 시작했어요. 이 역시 셀프 브랜딩의 일종입니다. 모 회사와 진행하고 있는 영상 강의들도 제 커리어를 관통하는 모든 노하우를 담으려고 최선을 다해서 제작했습니다. 또한 몇 년 전만 해도 거의 다 거절했던 오프라인 강의들을 지금은 시간만 맞으면 되도록 하려고 합니다.

지금까지 언급한 4가지 미디어, 책, 유튜브 채널, 온오프라인 강의. 이것이 바로 한 개인이 은퇴 후에 꾸준한 수익을 낼 수 있게 만드는 '셀프 브랜딩'의 일종입니다.

셀프 브랜딩과 사업은 재무 처리 측면에서만 보면 성격이 비슷할 수도 있지만, 사실 많이 다릅니다. 셀프 브랜딩은 그 어떤 것에도 의존하지 않는 순수한 사업의 형태라고 말할 수 있습니다. 리스크는 오직 여러분 자신밖에 없는 형태의 사업이죠. 의존도가 없으니까요. 그래서 은퇴 시점에 맞물려서 끌고 나가기에 아주 적절한 형태의 계획입니다. 비즈니스는 쇠퇴기를 겪지만 셀프 브랜딩은 경험을 나누는 것이기 때문에 시간이 지나면 지날수록 더 단단해지게 됩니다. 빈틈이 없게 되는 거죠. 그래서 수명이 깁니다. 오래오래 할 수 있어요. 셀프 브랜딩의 수익은 당신이 그동안 어떤 길을 걸어왔느냐에 따라 달라집니다. 충분히 열심히, 치열한 삶을 살아왔다면 셀프 브랜딩은 그만큼의 보상을 해줍니다. 남들이 봤을 때 진귀한 경험을 한 사람이라면 자연히 콘텐츠가 팔리고 몸값이 높아지기 때문에 잘되는 경우에는 사업 수익보다 더 많은 수익을 낼 수도 있습니다.

처음부터 '강사'를 직업으로 삼는 경우도 많지만, 저는 지금 '강사'로의 자연스러운 전환을 이야기하고 있습니다. 셀프 브랜딩을 통해 저를 궁금하게 만들고, 사람들에게 제 이야기와 노하우를 전달할 수 있는 강사요. 그러려면 '강사'가 되기 전에 진짜 많은 경험을 해야 합니다. 이때는 당신이 경험한 게 실패냐 성공이냐는 중요하지 않아요. 실패를 많이 한 사람이라면 그 안에서 얻은 인사이트를 대중과 공유할 수 있고, 성공을 더 많이 해본 사람이라면 성공의 인사이트를 공유할 수 있을 테니까요.

셀프 브랜딩을 커리어의 첫발을 내딛는 순간부터 시작해서 정교하게 다듬어가세요. 준비가 잘 되어 있을수록 빠른 은퇴가 가능합니다. 언제가 은퇴 시기냐고요? 수익을 기준으로 삼으면 편해요. 셀프 브랜딩으로 벌어들이는 돈이 사업 수익을 초과하는 순간 바로 트랜서핑을 해도 상관없고요. 아니면 사업을 하면서 셀프 브랜딩을 동시에 해도 얼마든지 괜찮죠. 그런 차원에서 셀프 브랜딩을 준비할 때 필요한 몇 가지 조건을 설명하겠습니다.

첫째, 커리어가 있어야 합니다. '강의를 위한 강의'는 대중에게 사랑받기 어렵습니다. 예를 들어 기업을 대상으로 기획서를 써본 경험이 없는 사람이 기획서 쓰는 법을 가르친다면, 듣는 사람에게 와닿지 않을 거예요. 그런 강의는 시장에서 인정받지 못합니다.

둘째, 부업이나 사업으로 다양한 경험이 있어야 합니다. 시대의 흐름을 고려하건대, 앞으로는 작은 형태의 기업이 많이 생길 것입니다. 회사라는 조직에서 메리트를 느끼는 비중이 점점 줄어드는 현상만 봐도 잘 알 수 있죠. 회사를 오래 다닐 생각으로 입사하는 사람들이 많이 줄었다고 합니다. 그럼 이 사람들이 다 어디로 갈까요? 대부분이 창업으로 갈 겁니다. 회사를 다니면서 부업하는 사람들이 굉장히 많이 늘어날 거고요. 이런 순간을 예상하고 움직인 것은 아니지만, 저는 다행히 이런저런 부업과 사업을 굉장히 많이 해봤고, 지금은 셀프 브랜딩과 병행하고 있죠. 그래서 이런 책도 쓸 수 있었고요. 저보다 더 좋은 이야기를 해줄 수 있는 사람들이 많이 나왔으면 좋겠어요.

셋째, 나를 알릴 수 있는 미디어를 최대한 일찍부터 준비해야 합니다. 현재 기준으로는 유튜브가 있겠죠. 요즘은 책이든 강의든 기업의 힘으로만 파는 시대가 아님은 확실합니다. 한계가 있죠. 자본력을 쏟아부으면 비유튜버라도 가능하겠으나, 출판사든 강의 회사든 저자나 작가가 여러분만 있는 것이 아니잖아요. 그래서 예산을 집중할 수 없어요. 따라서 회사들은 본인의 미디어가 있는 사람들을 선호해요. 매우 많이요. 여러분을 믿고 따르는 사람

들이 있는 채널이 '존재'한다는 것 자체가 중요하죠. 이런 미디어
는 쌓아올리는 데 많은 시행착오와 시간이 필요하기 때문에 주
제 하나를 정해서 빨리 시작하는 게 좋습니다. 주제는 나중에 좁
힐 수도 있고 넓힐 수도 있어요. 그게 중요한 게 아니라 '시작'하
는 게 중요한 겁니다.

이 3가지를 동시에 쌓아올리면서 출판사의 문, 온라인 강의회
사의 문도 직접 두드려보세요. 무엇을 먼저 하게 될지 모르지만,
하나를 시작하면 다른 매체로의 확장은 굉장히 수월해집니다. 책
이 있다면 강의회사에서도 여러분을 반길 것이고, 강의가 있다
면 출판사에서 여러분을 반길 거예요.

5. 잘하는 사람을 모방하라

혹시 '따라 하는 것'에 대해 죄책감을 느끼나요? 만약 그렇다
면 이제는 '그러지 않아도 된다'고 강력히 얘기하고 싶습니다. 인
간은 원래부터 본능적으로 남을 모방하는 동물입니다. 어린아
이들은 부모의 말투, 행동을 보고 모방하면서 어른이 됩니다. 그
뿐 아니라 지금 세상에 나온 '수많은 혁신적 비즈니스'들도 그 기
반은 다 '모방'이었습니다. 벽을 잘 타는 곤충의 구조를 모방해

서 미끄러지지 않는 장갑을 만들거나, 다른 리딩 기업의 제품을 모방하면서 더 나은 방향으로 발전시키기도 하죠. 다 그런 식이에요.

《언카피어블》의 저자인 짐 매켈비Jim Mckelvey의 이야기에 따르면 지구상 모든 생명체는 모두 다른 무언가의 모방품이라고 합니다. '복제'라는 과정을 반복하면서 그 환경에 맞게 더해지고 빠지는 거죠. 비즈니스가 아직 성숙기에 들어서지 않았을 때, 아직은 성장하고 배우는 단계에 있을 때, 정말 잘하는 사람과 기업을 면밀히 관찰하고 많이 모방하세요. 당신의 스타일은 그 과정 중에 완성됩니다.

이 책을 통해 당신은 드디어 기획부터 사업에까지 필요한 모든 도구를 손에 쥐었습니다. 생각하는 법, 글 쓰는 법, 기획서 만드는 법부터 사업과 셀프 브랜딩까지 정말 많은 걸 다뤘어요. 당신의 손에 들어온 이 도구들을 기반으로 지금부터는 잘하는 회사의 비즈니스를 참고하고, 잘하는 기획자들의 기획서를 살펴보고, 잘하는 사람들의 셀프 브랜딩을 보면서 '모방'을 시작해보세요. 자기만의 스타일은 절대로 처음부터 생기지 않습니다. 모방하면서 만들어집니다. '나는 세상에 없는 비즈니스를 만들어볼 거야!' 이건 착각입니다. 그런 건 존재하지 않습니다. 착각을 깨고 '모방'을 시작하세요. 그게 효과적입니다. 성공하는 사람의 공통적인 특징은 바로 어떤 집단 속에서 타인의 행동을 모방하며 좋은 것만 취한다는 것입니다. 이제 이 책을 읽은 당신 차례입니다.

세상에서 가장 중요한 자원은 시간입니다. 시간만 유용하게 사용할 수 있다면 원하는 건 뭐든지 이루면서 살 수 있습니다. 그런데 어떤 사람들은 '자신감'이 없다는 이유로 '발표 기회'를 다른 사람에게 자꾸 양보하면서 안도하려 하고, 실무에서 쓰지도 않는 'PPT 기술'을 배우면서 시간을 버리고, 말도 안 되는 비즈니스 아이디어 내는 방법을 찾아다닙니다. 남들은 그 시간을 아껴서 기획서 하나라도 더 쓰거나, 부업을 시작해서 직접 경험하고 깨지고 성장하고 있습니다. 성장하는 사람이 되어야 합니다. 맹세컨대 이 책에서 배운 것 외에 더 배울 것은 아무것도 없습니다. 이제 '경험'밖에 남지 않았습니다. 지금도 시간은 흘러갑니다. 이제 책을 덮고 현장으로 달려나가기 바랍니다.

결국 '기획자'로 살아갈 당신에게

'기획'이라고 하면 사람들은 막연함을 느낍니다. 지레 겁을 먹어버리죠.

"대체 기획이 뭐지?"
"기획은 어떻게 시작해야 하지?"

'기획'이라는 단어에 큰 부담을 느끼는 이유는 아마 과제나 일을 하며 겪은 여러 경험들 때문일 겁니다. 우리가 경험한 '기획'은 거창하고 중요한 자리에 등장하고는 했으니까요. 하지만 이 책을 읽은 여러분들은 느끼셨을 겁니다. 기획은 절대 어렵고 대단한 것이 아님을.

기획은 일상생활 곳곳에 숨어있습니다. 회사 매출을 폭발적으로 증가시킬 놀라운 아이디어만 기획이 아니라, 점심 메뉴를 고르는 것도 기획이고 친구 생일 선물을 고민하는 것도 기획이니까요. 기획은 여러분 머릿속에 있는 고민을 정리하고 결정하는 과정일 뿐입니다. 여기에 늘 대단한 숫자가 필요하거나 대단한 분석력이 필요한 것은 아닙니다.

그래서 결국 여러분은 '기획자'로 살아가게 될 겁니다. 아니, 이미 모두 기획자로 살아가고 있습니다. 어느 직종에 있든 누구와 일하든 모두 크고 작은 기획을 하고 있기 때문이죠. 너무 자연스러워서 미처 인지하지 못했을 뿐입니다. 그 기획들을 수익을 내는 데 사용하지 못했을 뿐입니다.

"나는 기획이 주 업무가 아닌데?"
"여태 기획하지 않고도 먹고살았는데?"

더 이상 이런 말씀을 하시는 분은 없으시겠죠?

저는 이 책을 통해 당신에게 '기획'이 거창한 것이 아님을, 무슨 일을 하든 간에 '진짜 기획'을 하는 능력을 갖추고 있어야 함을 알려주고 싶었습니다. 이것만 알아도 당신은 회사 안에서는 '일 잘하는 직원'이, 회사 밖에서는 '성공한 사업가'가 될 수 있습니다.

'평소의 시간'을 활용해 인사이트를 키우고 작은 스킬과 도구들로 '진짜 기획'을 만드는 연습을 하세요. 처음에는 뜻대로 잘되지 않고, 실수도 있을 겁니다. 하지만 인내하세요. 꾸준히 실천하세요. '진짜 기획'을 만들어내는 경험이 늘어나고, 당신만의 시간과 노하우들이 쌓여나가 분명 당신을 좋은 기획자로, 좋은 사업가로 만들어줄 것입니다.

당신이 현재 회사 안 기획자든 회사 밖 기획자든, 앞으로 회사 안 기획자를 꿈꾸는 사람이든 회사 밖 기획자를 준비하는 사람이든, 제 경험을 담은 이 책이 꼭 도움이 되었으면 좋겠습니다.